中华武术典籍珍藏

民国武术文献选刊

第一辑　第一卷

崔虎刚　收集整理

北京体育大学出版社

责任编辑：田　露
责任校对：陆继萍
版式设计：高文函

图书在版编目（CIP）数据

民国武术文献选刊. 第一辑. 第一卷 / 崔虎刚收集整理. -- 北京 : 北京体育大学出版社, 2024.1
（中华武术典籍珍藏）
ISBN 978-7-5644-3997-2

Ⅰ. ①民… Ⅱ. ①崔… Ⅲ. ①武术－文献－汇编－中国－民国 Ⅳ. ①G852

中国国家版本馆CIP数据核字(2023)第255005号

民国武术文献选刊. 第一辑. 第一卷　　崔虎刚 收集整理
MINGUO WUSHU WENXIAN XUANKAN. DI-YI JI. DI-YI JUAN

出版发行：北京体育大学出版社
地　　址：北京市海淀区农大南路 1 号院 2 号楼 2 层办公 B-212
邮　　编：100084
网　　址：http: //cbs.bsu.edu.cn
发 行 部：010-62989320
邮 购 部：北京体育大学出版社读者服务部 010-62989432
印　　刷：北京雅图新世纪印刷科技有限公司
开　　本：710 mm × 1000 mm　1/16
成品尺寸：170 mm × 240 mm
印　　张：10.5
字　　数：109 千字
版　　次：2024 年 1 月第 1 版
印　　次：2024 年 1 月第 1 次印刷
定　　价：98.00 元

（本书如有印装质量问题，请与出版社联系调换）

筹委会

（排名不计先后）

【河北】

王雪松　董智勇　侯晓山　张春光　智　泳　李向东　王弘武　苏建中　魏朝辉
王英臣　赵　军　段雷朋　王欢迎　孟祥国　刘明华　王文革　董法胜　卢宝库
马新华　孟令斗　李学兵　龙　威　狄松涛　牛树天　孟令聪　张永泽　孟令兴
孟令江　张思雨　高立新　陆明文　赵世君　张守安　王向东　赵永亮　曹彦场
刘　念　许　栋　卢保卫　庄国伟　孙　健　巩国平　孙　振　姜海伟　徐书长
王　宾　王永涛　赵志勇　张剑军　孟祥龙　柴海生　田卫民　王铁英　张继斌
秦晓悦　刘红强　王长军　田振伟　田　伟　闫庆洪　郎立成　张坤伟　李　波
周　弘　郗建勋　刘光芒　王福庆　张星一　董贵轩　高国辉　孟春华　陈志刚
张增海　李常琳　章建春　张　斌　李　冰　王小龙　鲍玉龙　常　军　李会锋
盖国海　张铁柱　钟俊峰　张根云　任增良　宋分成　李保辉　卜元法　刘　雷
封佳良　李立兵　郝桂英　杨志英　赵连江　张　聪　夏令虎　李正国　丁　强
李文龙　王学武　陈宇明　李金龙　张　义　牛志勋

【山西】

李旭东　刘笃义　苗树林　李乃勤　张振杰　陈贵更　姚建东　张　欣　邢晓朝
王连恒　王　兵　马德祥　薛文江　温锦铭　杨　军　郝利华　李俊杰　王守禄
董冬元　张奇林　任晓平　沈炜东　赵京生　刘叔勤　梁光平　郭玉文　李　白
王理生道长　吴志刚　阎子龙　王宏伟　王　建　李德仁　郭润泽　高玉兔
许青行　孙君荣　陈　娟　赵国华　王银辉　胡晓琴　田志丹　韦树杰　温玉恩
胡元亮　马海平　张玉全　阴建文　王日兵　郭　扬　释妙修　高全民　何　军
冉高峰　李正业　王勇义　晨　曦　田正西　马学恩　郭晋博　王建筑　高宝东

王太晨　侯庆林　朱喜何　宋宝贵　宋俊芳　吴会进　王俊香　张犍军　王德俊
胡佳锋　王雨东　李青峰　史德全　吕　卓　梁文章　李宇鹏　于庆海　吕永昌
吕传泳　李景福　乔一铭　王攀峰　石大永　姬俊峰　贾国喜　吴利生　吴利民
杨志忠　胡安辉　曹中义　胡丽娟　武　冬　王　勇　陆向春　高　静　姬　才
殷文军　王苗祥　王仲文　江俊峰　张丕锋　白玉仁　刘铁铸　秦同文

【内蒙古】

刘井春　褚海东　孙根新　宋仿琛　范健宇　武静安　刘永文　郭迎宾　王浩亮
卢爱琴　乾　坤　白景春　张国华　吕瑞亭　刘世君　周彦明

【北京】

胥荣东　康戈武　徐　杰　于昕洋　肖红艳　酒大雷　姜启超　聂志涛　刘　翊
吕鸣捷　赵安平　尚远宇　王　凯　孙汝贤　牛立新　孙国中　党雪田　高晓光
贾永安　邸国勇　乔　宁　辛　强　刘　铄　程庆余　王　桐　赵天阳　左宇彤
韩俊瑛　孙嘉浜　孙文景　白石羽　德　全　欧　阳　万周迎　徐　鹏　刘路遥
李　谷　左　健　付洪波　成金俊　黄志刚　李　戈　彭　龙　陈　轶　高雪峰
王宝山　王中行　王沥斌　贞　达　孙庆丰　薛　岩　李　迎　张　斌　洛　尘
张　磊　金　微　秦保华　杨文学　王庆年　徐　许　刘福龙　孙国柱　刘满常
于　浩　张国儒　刘万成　于　江

【天津】

崔　巍　于经元　胡向阳　刘宝林　张天龙　张金旺　丁伯立　顾海波　赵文龙
王　诜　王福勇　崔媛媛　马延凯　张聚贵　孙国善

【辽宁】

刘洪刚　任　彬　于万凯　孟　涛　黄中元　高　朋　万　勇　梁　丰　孔德林
潘大庆　王秀如　臧福源　李保刚　薛圣东　孙贵东　袁　波　张　悦　韩宝轩
蒋秀山　侯　明　乔　武　刘英伟　张国志　刘计星　李金友　高　宇　马　畅
郑维钧

【吉林】

张　河　邓宇光　李　银　丁　皓　骆立文　王君波　孟　宇　徐厚祥　佟　冰
倪　郝　赵　耀　郭其武　袁洪范　刘　君

【黑龙江】

佟亮辰　张艳阳　陈玺镔　张指辉　王　皓　宋　梁　郭宝成　陈　斌　刘立国
毕文波　杜伟国　黄忠伟　李　冰　吴　俣　曹志峰　马宏伟

【河南】

张雄鹰　种明生　郭航海　王志远　贾自愿　安呈林　朱利军　释延布　杜长坤
刘启飞　石　勇　王农川　郑营俊　常青州　张　艺　马众森　王占敏　巩建松
倪根上　陈近仁　李朝乾　李紫剑　邢红义　李佩革　刁修华　梁靖予　宋尚军
释延巽　李红林　赖庆新　陈万军　郝跟上　张　帆　恒　勇　王子淳　张亚东
孙明亮　魏淑云　赵振选　王会武　耿　军　买西山　买　威　时晓武　买　勇
买仁萍　仵　锋　马德占　王长明　张伟兵　代忠波　张　玮　段建民　孙保才
李小欣　酒同标　酒小郎　苗轩国　孙和龙　孙随成　焦立武　王建设　刘培兴
苗鸿宝　苗步超　张运生　苗田营　苗富强　杨德民　胥兆飞

【湖北】

徐　斌　张建生　李应龙　刘　杰　石　峰　田　浩　夏四鸿　梁靖予　陈玄机
瞿凤华　秦声浩　严　飞　姜学斌　郑桂桐　胡炳林　李德民　薛兴江　胡圣奎
王卫红　焦通章　徐赐兵　黄亚平　戴珂铭　张　显　刘秋龙　马国平　薛劲松
李志武　丁大益　黄胜文　唐俊虎

【湖南】

苏若鸣　陈开喜　王常秀　张常海　邹　骁　刘建湘　黎昌元　向军华　张继桂
蒋谷川　滕召军

【广西】

黄耀丹　夏　敏　唐晓艺　严翰秀　赖铭强　梁杰乔　张容嘉　廖贤阳

【广东】

于鸿坤　蒋荣杰　任官生　蒋子龙　张俊林　蒋化一　李湘山　刘　泉　沈建杰
余锐镔　张勇强　方　金　陈　执　毕荣俊　刘志坚　靳清江　马廉祯　吴广添
邵剑波　梁伟民　颜志图　吴启贤　陈　伟　王　贵　张梦阳　陈福和　廖锦泉
方应中　陆常康　杨亚国　房向南　陈健志　覃海权　徐　宏　梁柏清　赵刚生
江善祯　房　生　黄　熠　李伟光　贾华兵　王会哲　林国生　吴晓辉　吴立群
冼伟昭　梁文楷　黄仕君　曾奕涵　钟立强　陈会崇　杨柳标　王邦菊　张广辉
刘志添　刘春涛　杨春茂　詹亮清　莫华法　罗浩苑

【深圳】

郑喜平　周　华　李翰青　曹革林　苏洪海　梁　丰　贾永唐　徐百军　连　成
蒋定臻　王继勋

【海南】

梁昌泰　张　雷　李　秀　陈东升

【山东】

高鹏熙　李满利　张松仁　谭京杰　王　刚　马　斌　刘　毅　孙胜辉　周云峰
王玉金　尤明达　厉善祥　刁长俊　周庆春　孙丰玺　许　峰　王芝强　王　斌
刘维明　战文腾　宫智辉　倪德飞　孙思蒙　张　斌　郝代远　史　鼎　康汝宙
郭　宁　张长生　赵延俊　张胜利　张克田　周　游　刘　伟　安宝东　刘军农
董玉明　王景钏　贾友民　张树远　李保庆　王继国　王焱鹏　潘　章　高　承
李万温　张卫东　王宏全　王　伟　梁国爱　李海涛　李飞林　刘连洋　王国川
郑中华　张彦营　姚　磊　刘东强　白正刚　吕延波　洪卫国　张延斌　谷志强
孙晞棠　赵国忠　邓　桦　曹广超　周　琦　陈　雷　泰　祯　李安国　郭英新
徐西林　董志忠　张乐华　孙瑞全　张元海　刘龙昌　谭凯文　冯长源　杨　雷
张　涛　李其胜　梁殿品　张祥泽　朱宗启　薛士玉　杜孝伟　朱永强　樊　霄
杨圆义　刘道毅　李若现　王立岩　要学良　刘圭生　郭玉刚　张　鹰　李金顺
彭维利

【江苏】

杨　忠　窦小彦　许　忠　江其林　兰顺林　王存果　刘季月　周晓明　卜照生
张　亮　马　伟　时丕昌　师厚春　徐　帆　林圆龙　梁　雪　王新跃　谢逸繁
李　胜　解建昌　张爱成　沈枫涛　翟爱武　王吉波　张爱春　王海港　胥子连
毕明府　程　明　刘　通　陈军民　虞洪涛　张　滇　陈灏梁　景怀义　韩运疆
宫翠峰

【浙江】

仇富军　吕　亮　倪顺坚　孙　吉　杨秦健　张　斌　金　翰　王良辰　李继红
蔡德强　戴有木　张青松　马俊成　刘　柱　俞永辉　刘立存　李诚勤　张　俊
高宜挺　许科军　俞佐清　顾　坚　王圣华　刘小峰　杨　华　陈碧如　邓显群
顿鹏辉　江　澜　王一静　姚步高　江敏华　王纪杰　蒋　文　陈宇阳　钱周锋
周　明　蒋仲清　陈幼根　周　锋　陈沛宝　赵　青　凌风子　景　然　周美良
潘小江　卢成昌　潘石弟　凌懿文

【福建】

王福民　蔡卫权　倪忠森　王振河　张祖永　蒋秀山　许剑云　陈向荣　孟庆贺
连国汉　林　峰　俞景耀　陈恒演　涂智兴　罗建晖　林和顺　胡文辉　梁　涛
林建栋　吕信明　周　攀　杨　晗　刘有春

【安徽】

胡春泉　曹　军　钱军帅　祝安园　聂红松　江　奎　魏　冰　毛立欢　冯　皓
欧阳兴业　马　林　铁中玉　刘俊杰　王靖华　武爱东　陈晓东　徐永银
吴　笛　陈　军　赵　飙　张宏华　王　磊　吴　昊　胡卫东　吴　伟　谭全胜
刘法志　汪　泉　乔长良　朱红军　杨纯生　卫　存　卢　杰　秦　琥　王学东
聂　刚　曹其根　曹季泉　曹加才　纪良发　曹　凯　董德霖　张　博

【江西】

熊庆云　钟水清　李舒霖　郭木青　王联军　唐毓堃　张功燚　李江明　屈　群
刘　超　应宗强　李洋洋　陈　军　乐　繁　代建国　钟祥明　虞法志　章新尧
林爱兵　林国生　刘炳开　童加清　李曦初　李海斌　王禹平　崔瑞郡　李广华

【上海】

林　杰　谭振勇　朱长跃　樊永平　杨雨辰　金培贤　金俊达　尹　捷　薛怡平
鞠学东　阚水源　凌先生　孙连盛　杨志承　孙经纬　王宝财　谢琦辉　刘　志
何轻舟　吴爱民　宋　旭　游　清　释永照　董家良　董纲成　陆龙祥　陈海光
梅永福

【陕西】

李　钢　张　钢　郭华东　邵　华　杨俊伟　罗　德　董安强　贺元瑞　杜群喜
杨伟峰　王晨生　杨　坚　白永东　孙　武　陈少纯　郭桂荣

【甘肃】

郝心莲　辛富国　金　宏　李宝才　温世杰　马　伟　汪子竣

【宁夏】

杨文舜　梁杰乔　吴　涛

【青海】

马宏伟　朱春明

【新疆】

赖宝珊　任　军　黄尘哲　张新民

【云南】

黎丽辉　曾　瀚　李太宏　鄢　博　赵顺军　张晨光　叶昆生

【贵州】

杨绍平　谢明宇　刘　曦　孙鲁龙　黄　檗　刘庆涛　曾昭弟

【四川】

侯　毅　古海啸　梁军民　金　亚　李　阳　周新杰　罗　斌　王伟骅　陈兴均
曹　卉　兰　唯　唐博文　郭　建　邱湘彭　罗小波　唐　昶　黄趾洲　温昌奇

【重庆】

罗　明　徐泉森　罗先雄　曹晓东　陈治军　张文欣　张宗华　周光华　黄文才　吴洪明　刘天海　袁一晋

【香港】

李健雄　Mehdi　谢永铭

【台湾】

杨正隆

【其他国家】

黄少武　王振身　陈　闯　龙勿用　胡耀武　柳寿晨　容光远　张立彪　甲斐正也　村上正洋　片桐阳　马永光

特别鸣谢

李金明　王彩鲜　李延春　庞明泉　李　翔　智晓园　于　芳　张　梅　周兰英
安　毅　王新瑞　李克宣　崔并花　杜崇开　刘　洽　张　昭　李继光　薛思问
杨春兰　李　懿　邹德发　吴世勋　高友孝　刘瑞荫　黄兴发　王云山及其姐
袁树礼　郭荣珍　耿爱梅　刘丽俊　郝富义　李补鱼　郝锦园　杨桂芳　杨洪喜
刘怀玉　钟雪友　蔡震升　伦怡馨　高　瑛　李龙城　张魁武　柳百成　张德生
李建勇　贺国安　王慧琴　冯银刚　韩太民　韩原民　曹东红　王　浩　韩常林
韩焕茹　尤素娥　赵海凤　胡玉洁　张桂兰　田喜凤　郭宝芳　魏宏斌　袁建斌
郭　宏　马润生　冯骑明　阎文辉　焦清华　王秀丽　郭　刚　韩秀英　卢冬光
张雪刚　尹贵龙　范阿宝　朱建华　巩爱平　胡建彪　何建东　郝宪伟　郝建邦
郭仁实　高澍芃　江敬斌　薄建东　郑　炜　周　宏　吕　毅　徐用生　田春林
李　明　师维勇　韩小华　尹小玲　赵学毅　刘巧莲　任建玲　赵媛凤　义瑞珍
张玉香　张秀玲　魏巧燕　王小源　海晓霞　刘庆林　赵丽华　徐　静　姚书典
殷　岩　王小根　王海英　宁晚林　胡玉亭　乔　栋　田振山　林　纲　赵大春
朱　峻　王民忠　李　刚　顾武安　李　峰　章　青　叶林忠　贾云杰　许树华
杜　箐　刀京梅　孙慧敏　姜淑霞　王占伟　王艳玲　常学刚　梁伟民　王跃平
冉宏伟　王　蓉　苑博洋　胡志华　李博伦　宋杨萍　韩　翔　田海英
恩师朱华先生、师母冀秀珍女士
父亲崔官禄、母亲王玉莲及兄弟姐妹各家人

目录

忠义拳图稿本　卷一　1

国术理论　85

忠义拳图稿本　卷一

提要

《忠义拳图稿本》，四册，以卷一、卷二、卷三、卷四区分。从卷一扉页可知，该书由樊一魁著、乔岗编、山西洪洞荣仪堂书局石印行印制，但扉页处书名为“忠义拳图合编”，与封面略有不同。

卷一先有辅文《武术弁言》《卷头序言》《引言》《拳经总论》，从中可知该书成于1936年；之后为《通背目次》，再后进入正文。卷二辅文仅有《通背势法目次》一篇，似与卷一同期成书。卷三又有《叙》两篇，其中洪洞县知事易懋煊所作序的落款时间为民国十七年（1927年），樊一魁自序的落款时间为民国八年（1919年），不知何故。卷三《叙》后为《武训守正歌十首》《插图散打目次》，之后为正文，但有趣的是，书的后部又出现了《说明散打目次》，衔接散打相关的理论讲解。卷四仅《枪之目次》一篇辅文，不同的是，前三卷目次中标题层级均用“篇”字，而本卷则用“编”字，疑似将“篇”误写为“编”。

该书各卷的正文主体部分，体例结构基本一致，均为图示文注，每页大致讲解一个招式动作，绘有一幅动作演示图，配以少量文字。除此之外，卷一正文前部用较大篇幅的理论性文字进行讲解，卷三后部为文字讲解。

该书作者樊一魁是通背名家，从四卷的整体内容来看，该书所述内容均为通背拳、械的理法与技法，书名“忠义拳”，或可理解为作者的人生追求。

山西洪洞 梅選樊一魁著
子高喬崗編

忠義孝合編

山西洪洞榮儀堂書局石印行

梅選樊一魁近影

武術弁言

今之識時務俊杰相聚而談曰現時國難臨頭必民族武裝起來共同奮鬥戡定内亂防禦外侮乃能救亡而圖存凡深明大義者莫不曉然共喻矣遠溯我中華以武立國古有明訓迄今尤為當務之急蓋民族要有衛國之精神必先練健壯之體格練健壯之體格必首重自強之武術若武術能通然後執槍械以衛社稷決勝疆場定當事半功倍矣吾晉洪西鄉有樊先生一魁者素嫻武術通達技藝積數十年之經驗學有心得信從者衆胥奉為準繩及門諸子以先生年近古稀敦請出其所長公諸同好餉遺後學先生辭不獲已爰將武術繪圖附以說明彙成八帙石印廣傳

俾瀏覽斯編者競尚武術身體力行急圖自衛則尚武之風從此植厥
礎焉先生非敢自詡應世不過將畢生實驗供献社會倘蒙採擇芻蕘先
生之願望當可少慰先生之苦衷亦昭然若揭焉是為序

柴汝楨幹宸甫識

民國丁丑年一月吉旦

卷頭叙言

丙子夏高公村樊一魁老先生持其所著之忠義拳書示予瀏覽一過見其圖式正確詮解詳明誠拳藝界之明星也斯書雖已著出尚未成編先生囑予負編輯之責予勉應之而勉為之約旬日間修飾整理編為八卷分十八篇述明要義詳定章則通背十三篇之一也神手奇着真確無誤詞簡意明解詮俱備較之以訛傳訛者奚啻雲泥之別於是付諸剞劂而問世焉矣先生竭畢生之所學不顧韞櫝之藏竟然慨焉獻出以餉社會斯誠打破神秘藝術幕之主力先鋒也且以我國久湮不現之國粹而先生提倡之發明之殫力研究不遺絲毫於此可見先生之為人矣況我國

處於一髮千鈞之勢危急存亡之秋值此發揚奇技普徧社會誠救亡圖存之良劑也矧以社會中堅之一般青年學子泰半體育不良精神萎靡於此而欲爭雄於世界是猶適燕晋而南其轍多見其不知量也果能本此拳書按圖索驥日夜精習靡間寒暑則半載工夫即可除掉病夫之態變為英勇之姿長此一往將見敏如袁宏倚馬可成露布勇如李愬雪夜可入蔡州何愁種不能強國不能興患不能消寇不能滅哉聊嘖數言以冠卷首

一九三六，八，一，喬崗序於連雲古洞中

引言

中國拳術發源於戰國時代迄孫龐以來漢魏唐宋世有傳者皆口傳心授隱秘其法曾無著書可攷況歷代野史載有奇妙之着神異之法延至滿清時代習拳者雖有而官禁者甚嚴習演者輒以淺俗歌訣記之不能悉其底蘊文人學士尤且鄙之相沿成風故將高貴價值之拳術失其廬山真面目也自海禁大開以來我國貧弱之象岌岌可危然救貧之策非生產莫能富極拯弱之謀非武力莫能強夫人之經濟本領全視身體之強弱以為斷體弱則精神不振百事皆廢體強則精神奮興百端皆立轉弱為強之道舍拳術其將奚以舉目而觀今日之社會奄奄病夫徧處皆

是勿怪乎我國日益貧弱也我國民政府諸公曾有健身強國之訓又有提倡武術之令此正武術現世之良機也余幼習拳術對於斯道略窺門徑而庸庸一生無所建白而今老矣更無能為當此長夏消暑之期爰將平生所學擇切要者著作成書內有槍刀劍戟等類畧擇數着以資類推並有圖式可閱註解可參以為入門之初步不敢質諸方家深願青年人士靜心揣研勿憚煩勞自可舉一反三聞一知十又宜本著公道主義普及社會人羣勿驕傲而欺人勿貪利而敗名忠義和平服膺勿失則藝在我身德及於人群社會因之而生色國家因之而強盛方不負編者之愚意習武術者

當三致意焉

民國二十五年桂月朔辰　　撲一魁梅選甫識

拳經總論

縱防曲身人莫知拎靠纏繞我接衣劈打推壓得進步扱捌橫採也難敵

鈎掤劈打人人曉閃驚巧取有誰知佯輸詐走足云敗引誘回衝知勝歸

滚拴拖拴移微妙橫直遮攔奇更奇接進擄攬穿心肘迎風接進紅磤

二換掃堂掛面脚左右鞭鑽庒跟腿截前演後如封鎖聲東擊西要熟識

上提下打君須記進攻退閃莫遲遲藏頭顧面天下有攢心剁脇世間稀

武術欲識此中意精細熟練自然知

忠義拳圖通背合編第一卷

山西洪洞梅選樊一魁著　鳳樓喬　崗輯

通背目次

第一篇

編輯大意
編輯要言
武德之解釋
武戒之規律
忠義之問答

通背要義十則
通背之源流
通背路綫九圖 附路綫總圖
通背名稱總集
立正姿式
預備姿式
第一排 附七言解
一、懶插衣　二、出步單陽
三、七星拳　四、採馬勢

五、當頭炮

六、中單鞭

七、跨虎勢

八、拗步勢

九、壽桃勢

一〇、抛架子

一一、孤身砲

一二、翻花舞袖

第二排

一三、拗鸞肘

一四、左右紅拳

一五、倒騎龍

一六、連珠砲

一七、猿猴看菓

一八、高四平

一九、扔封脚

二〇、小紅拳

二一、斬手砲

二二、窩裡砲

二三、井攔勢

二四、直八勢

第三排

二五、庇身拳

二六、指當勢

二七、剪鐮踢膝

二八、金鷄獨立

二九、朝陽起鼓

三〇、護心拳

三一、轉降快腿

三二、點肘勢

三三、擒拿休走

三四、硬開弓

三五、下扎勢

三六、倒扎勢

編輯大意

人生之事業全視體育之優劣而武術一道尤為發展體育之不二法門蓋久練武術直接可以健身強種間接可以經世興邦獲益甚大

武術之口令動作堪作體育之輔翼精演熟習可備武力之保障壯氣健骨又為醫術之補充刺槍舞劍又有審美之作用有功人羣良匪淺尠曠觀列強之稚霸僉由武術之盛行我國如能倡設實施研究團結一般青年男兒鍛鍊果毅宏大之精神以收武術救國之實效

或曰今日之世界槍林彈雨之世界也武術濟何事哉發此言者毋乃太愚乎豈知槍砲可以攻遠近擊則無用彈藥可以穿堅掩襲則失力倘遇

兩軍衝鋒之際而手提三尺即可游刃有餘
嘗觀劍仙列傳英雄外史其刺劈之妙舞演之着誠有不可思議之神奇
而今久失其傳殊為可惜况武術既為護身之寶又為保國之珍提倡發
揚亟待其人
懷技不傳實為我國之通病以藝術為博利之資發財之門茲編為服務
社會献技人羣熱心公道發揚大同絶非隱技自私亦非衒玉求售聊盡
公民職責於千萬份之一耳

編輯要言

一茲編名忠義拳書共分八册十八篇次序清晰以資閱者便利觀若畫

一

二本編以健身衛國救亡圖存恪遵武德嚴守戒律為宗旨

三本編以忠義孝勇知仁謙和為武訓以忌嫉爭鬥貪色嗜酒為武戒

四本編拳術有通背散打武器有槍戟劍刀鞭棍鐧斧等類既分卷册又別篇名以免溷亂無秩

五每式插有圖像圖之註有解釋按圖索驥自可領悟

六每卷均有歌詞以冠篇首械式以標名稱

七本編祇汞圖式真確解註詳明文字方面不加修飾

八本編為初學之門徑以作深造之引綫不敢自標門派而事誇張

九習拳者首以正心誠意為本敬師愛友為先恪遵武訓為要力除武戒為務

十習拳者先演通背以正姿式次練武器而重實用應要循序漸進方克收效

十一習拳者要規定時間每日早晨夜晚加功練演日日如此不可間斷倘五分熱度三分精神則永無見功之日

十二習拳者當有愛國精神樂群觀念兼有除暴安良勇氣

武德之解釋

習文事者首先敦品演武術者首先重德蓋品德者可以節制一切不軌之行為可以趋向光明善良之軌道倘不講武德懷技妄為適足增社會之罪察造人羣之禍水故欲習武術當先重武德本編中之武訓即武德也茲分釋之以餉讀者

忠　立身作事當存忠實竭誠盡力赤心宣勞倘使狡詐成性言行相違朝秦暮楚欺謊誑騙於忠之道大相背謬矣

孝　百行孝為先古人言之詳矣因人之初生以至長成之生活過程賴父母劬勞之恩甚為重大為人子者即當承順親志竭力圖報

此為立身之本倘使負恩不報忤逆時加則根本即失遑論服務社會効力國家耶

義

人之作事首當認明事理以義為主裁不可徒恃血氣之勇而招喪敗之禍昔孟子輿氏有云自反而縮雖褐寬博吾不惴焉自反而不縮雖千萬人吾往矣亦即養義有素之謂也

勇

果敢勇為斯謂之勇所以武術之目的是要以強健之體格神奇的技術勇於衛國勇於保民勇於作生產事業勇於改過勇於剷除社會不平勇於打倒自己退瑟畏葸之觀念所以勇字就是浩然之氣亦即大無畏的精神

知

認明曲直辨別是非斯謂之智所以事之進退伸屈全以知力為主體例如興利除弊經邦濟世以及一切大小事務非有知力不能達到充滿之目的

仁

喜生惡死愛人惜物仁之一字包羅萬有發於良心歸於道德的就是仁韓文公云博愛之謂仁魯論說志士仁人無求生以害仁有殺生以成仁足見仁字力量甚是偉大所以遇慘慼之事當哀憐之對無告之民當扶濟之澤及枯骨文王之仁德普及解網三面成湯之恳德浩大行仁則春風浩蕩違仁則秋氣肅殺是以人之存心作事切勿背乎仁道

謙 謙受益古有明訓謙之意義就是有若無實若虛以能問於不能以多問於寡則謙和致祥不驕不盈自可收集思廣益之効

和 和平是安定社會國家之正道立身處世的要素無論大小事業失之於剛復戕之於和平蓋能和平不矜不伐不偏不易以人之長補我之短秉之態度和藹言語溫婉當無乖戾之氣囂張之風融融一生人不我忌何樂如之

據上所述誠為立身之方針行之則順違之則逆習武術者應注意於此

武戒之規律

武術門中要講戒律否則暴戾恣睢之惡劇將要表演於社會兇惡殘傷之怪象亦必現形於人羣所以武術之中必要以武戒為金科玉律

忌嫉　忌賢嫉能君子不為於已無長進之益對外有量隘之名應力戒之

爭鬥　好勇鬥狠最足損名喪行招仇積怨於家為逆子於國為壞人應力戒之

貪色　女色禍人古有明徵橫慾亂性損壽喪行甚且亡國敗

家為害最烈應力戒之

酗酒　貪飲過度亂性情喪人格荒廢職業躭誤大事並有因之而起歐鬥之事悖亂之行應力戒之

上述武戒亟應革剔倘若因循不悛貽害甚大武術家其知之

戒忌嫉　須有豁通大度的氣量

戒爭鬥　須抱忍讓溫良的德行

戒貪色　須立以理制慾的耐性

戒酗酒　須振毅然決然的精神

忠義拳圖問答

問　君練此拳向名通背今易忠義得有說乎

答　通背有行拳有纏拳之稱而無忠義之名所以名之者乃以訓人於忠義也

問　願聞其詳

答　余少時身體孱弱因練此拳而身體強壯毋恐習藝生横因戒後勿復爾余以拳乃強身而非生横對毋疑始解余又恐世人誤蹈生横之覆轍陷拳術於不義故易通背為忠義不啻明以警人日練拳術以強身乃為臨大節而有自處之力也名

曰忠義誰曰不宜

問　拳術之用處能聞其大畧歟

答　民國八年吾晉督軍閻公所著人民須知有云歐戰勝負之分人疑判於器械誰知器械外尚視拳術練習程度何如耳兵士身體之強愛國之忱胥賴拳術以培植之

問　諺云強身強種吃鷄蛋吃牛肉唯一之良法也未聞打拳弄武能保養身體者也

答　吃鷄蛋吃牛肉所以肥身非強身也身肥而筋骨不健更易致病不然富家翁皆可長壽實則不然

問　人貴身心並健，拳術能健身不能健心得非盡美未盡善乎

答　拳術中有武德為練拳能提血性識羞恥健身衛國扶氣壯胆所謂健全身體寓於健全精神之中者即指此而言也

問　讀書識字乃明是非講道德武術非掠美乎

答　武術中含有武德關岳浩氣凜然磅礴古今忠義賦之獨厚者乃得之於練習武術也

問　關岳大義千秋為國盡忠得力於拳術吾亦領之詳矣敢

問武術中何以要講武德

答 武術家不懂武德即不明禮義如虎生翼橫行作惡最難抵防非講武德不能成為武師也

問 武術中獨通背拳講武德抑其他拳術亦講武德乎究孰優乎

答 無論各種各派武術皆講武德亦無軒輕之分視人之功夫何如耳

問 拳術能健身衛國何以書籍不留於後世

答 在西洋學未傳入中國之前我國一切學術皆受玄學思

想之支配拳術自難例外於是心領神會道在不言識為習拳術者之秘訣師弟口耳三寸之間世世相傳拳術書籍因之不見於世不以經卷授弟子一棒一喝之間妙道即存於其中拳術之妙非書所能授而在習之者一旦豁然貫通焉奚待於書人謂拳師心狹是昧於此道者之語也

問　君輕露技術又何意乎

答　受母訓後常懷忠義之念至任閻公又諄諄誨人曰忠於職務人要有所發明余之練拳乃忠於職務而為此書所以有發明也於是繪拳圖講練武忠義武德合乎其中將槍刀劍

戟棍鞭等類畧選數着以公之於社會望我全國同志無論何派武術一律提倡我國四萬萬同胞每人有三兩着發達體育精神則保身保家保國自無難矣

問　每人三兩着何以能保身保家保國請言其理

答　練拳藝講武德不作亂不犯法壯筋骨養氣力即可保身禦匪寇衛地方即可保家捍患禦侮効力戰場即可保國故能熟習數着獲益無窮矣

通背要義十則

一斯拳名為通背實為拳藝之總出發源共有一百單八勢其中神訣奇着變化無窮儘在精演熟練耳

二斯拳總着不離扳擄扶捌合膽捨斬推打劈壓拘掤托拴之類貴精而不在多少者易用多則難精精在熟練熟則生巧矣

三斯拳之用不必硬掤硬扳横打横進須用閃驚巧取側身而進以小力勝大力無力勝有力則奇柔勝剛洵四兩破千斤之法也

四斯拳有虛有實儘在熟識全以奇巧致勝孫子兵法云知己知彼百戰百勝不知彼而知己一勝一負人不知我我知人所向無敵矣

五斯拳用時隨高就高隨低就低彼上我下彼下我上忽隱忽現總以使眼為第一着

六斯拳聲東擊西左攻右迎右攻左輔左右旋轉相動上下貫通能有周流之妙

七斯拳手眼身法步心神意念之力全在兩腿中間姿式如十指抓地頭若頂天之形步法不可閃離太遠恐有傾跌之患

八斯拳手眼身最為緊要凡遇攻擊防時上下左右中眼光所至心神之力手法所至臂婉之力身法所至跨腿之力也總以小心謹慎為關要

九斯拳有上中下之分頭面項肩為上部胸心脇腰為中部跨腹膝足為下部非處於迫不得已之時不可行此辣手也

十斯拳首忌事項如恃強凌弱標榜比試橫行野蠻為非慝法等等劣行當奉武德武戒為主臬

說明通背之源流

通背拳術乃河南郭永福所傳也郭君於清乾隆年間保標來洪武藝超群時有神拳之稱神拳云者在少林曾受藝於異人之謂也在洪羈留多年傳藝於賀家莊賀懷璧將通背一百單八勢自始至終一一習完其中虛實引誘剛柔進退無不周密詳盡後賀君傳流南北皆是口傳心授按

照前軌向後傳者複雜不一各衷其是夫𨚫本來面目𩲡髫齡時習拳於萬安鎮楊如梅先生及喬栒先生僉係藝中名手實為郭師永福之嫡派而今源同支異私心傷痛於是將通背全勢繪圖詳解分為九排及上中下之別又列路綫九圖名為三才圖以地支十二字記位按字行拳位置不差此種門法習先師之口授指畫絲毫無訛迄今思之印象猶存武門君子宜詳記之

路綫圖

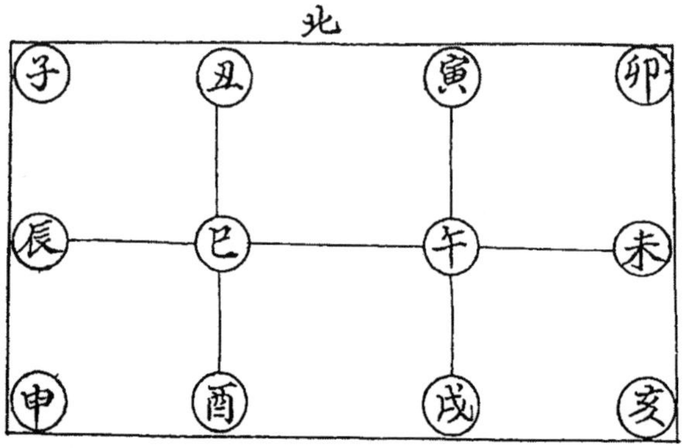

第一排
演拳路綫
長二丈四尺
濶一丈二尺
此排第八上
為虚勢下為
正勢

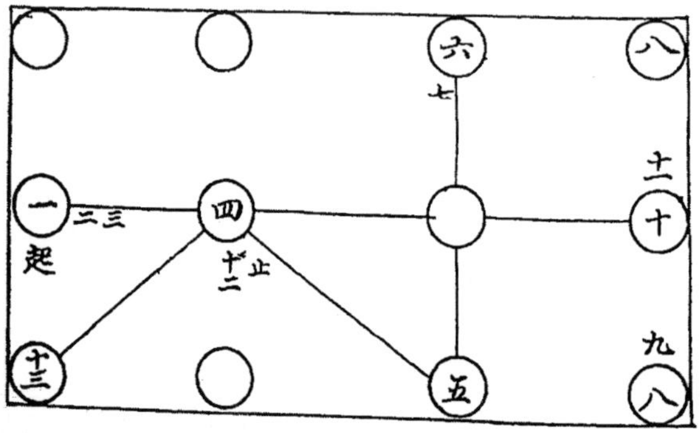

第二排

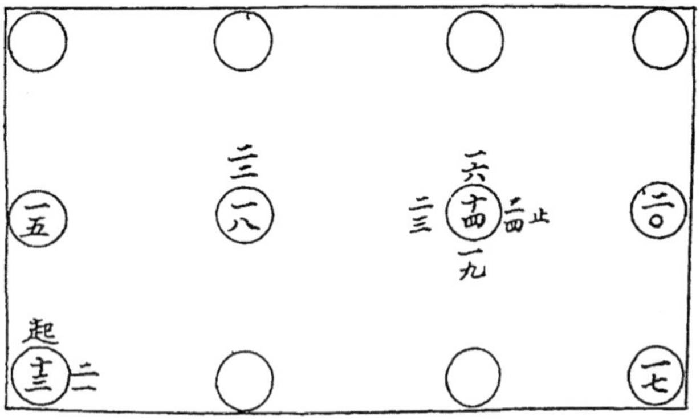
二〇
一六
二三
十四
二四 止
一九
三
一八
一五
一七
起
十三
二

第三排

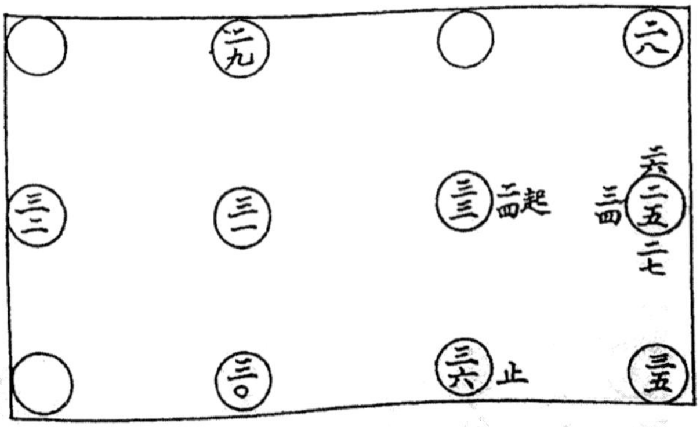
二八
二九
二六
三四
二五
二七
三三
二四 起
三二
三一
三五
三六 止
三〇

第四排

四八
止
三九
四〇
四七
四三
四五
四二
四六
四四
四一
三七
三八
起
三六

第五排

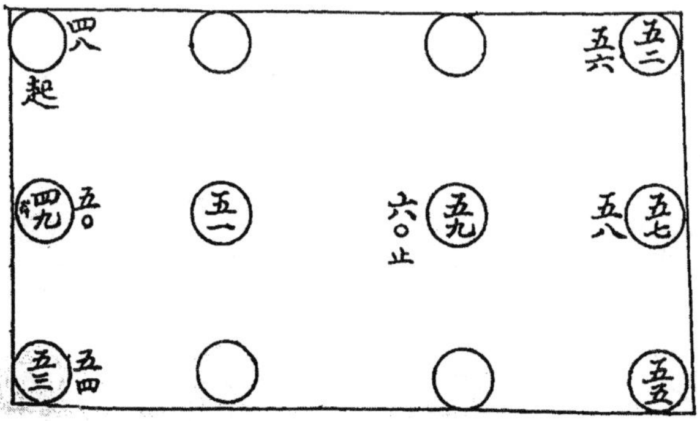
四八
起
五二
五六
四九
五〇
五一
五九
六〇
止
五八
五七
五三
五四
五五

第六排

六四
七一
六一
六五
六八
七〇
六二
起六〇
六六
六九
七三止
六七
六三

第七排

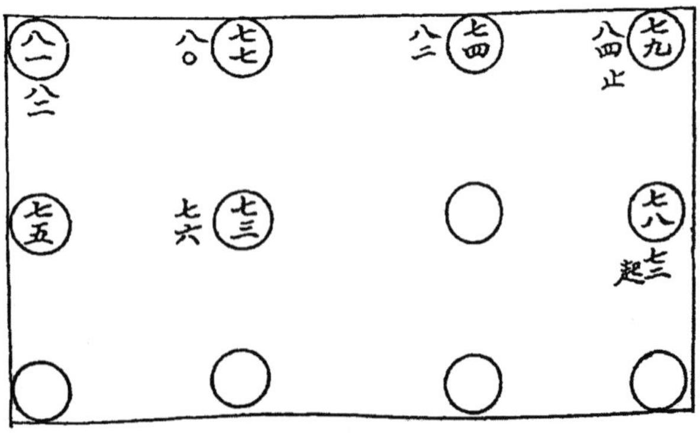
八一
八二
七七
八〇
七四
八二
七九
八四止
七五
七三
七六
七八
七二
起

第八排

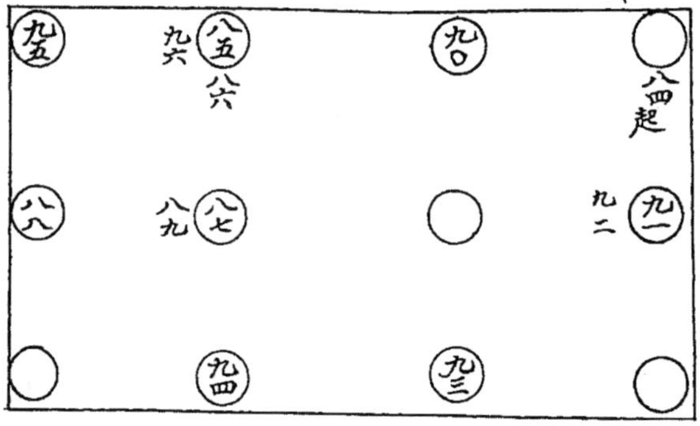
九五
八五
九六
八六
九〇
八四起
八八
八七
八九
九一
九二
九四
九三

第九排

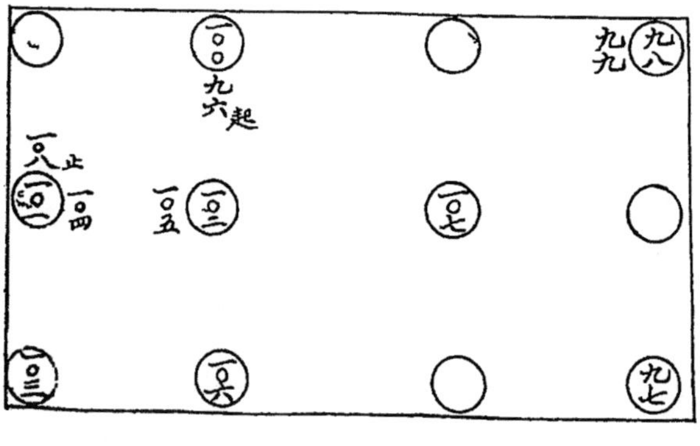
九八
九九
一〇〇
九六起
一〇八止
一〇一
一〇四
一〇五
一〇三
一〇七
一〇二
一〇六
九七

通背綫總勢圖

上圖每圖中所載數目係就通背一百零八勢移地換手各佔若干次之總數也總計之仍合一百零八由辰而起至辰而止辰者龍也取黃族興騰之義取黃族興隆之義也。

〔書曰〕上帝臨汝勿二爾心

〔老子曰〕天地無私 善惡有報 禍福無門 惟人自召

〔曾子曰〕十目所視 十手所指 其嚴乎

〔闞公道〕公道森嚴的社會就是天堂範圍外的自由就是地獄

〔管見〕人生作事善惡難離十二時此圖因此十二地支以惡義冠之任人自省

通背總序

懶插衣立勢高強丢下腿出步單陽七星拳手足相顧探馬勢太祖高傳
當頭砲勢衝人怕中單鞭誰敢當先跨虎勢那移法脚拗步勢手足和便
壽桃勢如牌低進抛架子當頭按下孤身砲翻花舞袖拗鸞肘左右紅拳
王女穿梭倒騎龍連珠砲打的是猛將雄兵猿猴看菓誰敢偷鉄攢將軍
也要走高四平仍封脚奪子小紅拳大蟠攢心斬手砲鳳鸞藏肘窩裡砲
打一個井欄勢直入勢庇身拳轉身吊打指當勢前鐮踢膝金鷄獨立朝
陽起鼓護心拳專降伏腿掂肘勢逼退英雄嚇一聲小禽拿休走拿鷹捉
兔硬開弓下扎勢閃驚巧取倒扎勢誰人敢攻朝陽手便身防腿一条鞭

打進不忙懸脚勢誘彼輕進騎馬勢衝來敢當一霎步往裡就揉抹眉紅
蓋世無双下海擒龍上山伏虎野馬分鬃張飛擂鼓雁翅勢穿庄一腿劈
來脚入步連心雀地龍按下朝天蹬立起鷄子解胸白鵞凉翅黑虎攔路
胡僧托鉢燕子啣泥二龍吸珠賽過神槍丘列手左扳右掌鬼蹴脚捕前
埽後霸王舉鼎韓信埋伏左山勢右山勢前衝後衝觀音獻掌童子拜佛
翻身過海回回指路敬德跳澗單鞭救主青龍舞爪餓馬提鈴六逢四避
金剛搗碓下四平秦王拔劍存孝打虎鍾馗伏劍佛頂珠反當庄望門攢
下壓勢上一步封避捉拿推山二掌羅漢降龍右轉紅拳左跨馬左轉紅
拳右跨馬左搭袖右搭袖回頭臚膝拗步摔一掌轉身三請客按手紅拳

双架揉轉身紅拳單鳳朝陽回頭高四平金鵄晒膀托天叉左搭眉右搭眉天王降妖上一步鉄翻扦下一步子胥拖鞭蒼龍擺尾双拍手仙人摘乳回頭一跎拗鸞肘躲子二紅仙人捧盤夜义探海劉海捕蟬烈女捧金盒智法送書回頭閃通背窩裡砲掩手紅拳回頭五子轉換鬓邊斜揷兩枝花急回頭双龍抹馬上一步智遠看瓜往前去獅子抱綉球展手一脚踢煞回首二換也不差只轉兩拳護膝當場按下滿天星誰敢與吾比並

立正

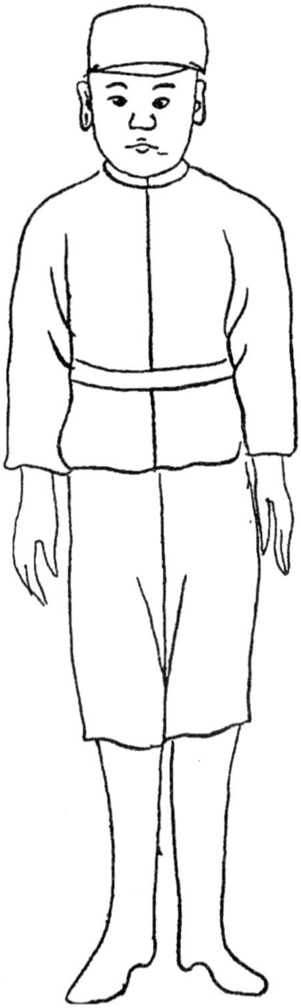

兩眼平視指駢攏　氣貫丹田精神充

大節惟有忠與孝　救國保民竭精誠

預備

通背預備指在心
同志當憶先代人
雪困陸銘恙歸順
蘇武仗節氣凌雲

第一圖

懶插衣立勢高強
懶插衣防撲面來
左接右推順步開
出手但看士馬
動　棋拳相比記
心懷

第二圖

丢下腿出步單陽

如人右來我抵防
先防白虎將敵傷
倘若彼左再來上
單陽一去敵人忙

第三圖

七星拳手足相顧

如彼右來拎手接
左向脇下攢子截
後上提腿拐撩膝
有預左扳將彼敵

第四圖　探馬勢太祖高傳

探馬勢傳太祖高
封避兩拳逞英豪
孤身砲去人難明
帶上穿足敵人逃

第五圖

當頭砲勢衝人怕

當頭砲用世間稀
過身扭步敵人疑
彼若左手将我攻
連環二砲彼着急

第六圖

中單鞭誰敢當先

去往迎來兩手翻

裡外合定將彼拴

單陽一出肋下點

跨馬落空再推山

第七圖

跨虎勢挪移發腳

如我上手彼踢膝
跨腿撩陰將身虛
左手護右肩平齊
速開橫步實難抵

第八圖

拗步勢手足和便

左拗摟左抹眉搭
倘若右來翻手拿
向再左拳來擊我
点脚抹眉上坐馬

第九圖

壽桃勢如牌低進

壽桃姿勢防猛來
裡迎提足彼有突
倘若彼急有翻手
高挑低進右步開

第十圖

拋架子當頭披下

架子勢虛最無能
閃身下部認意行
讓他退步也難躲
現上鷄子去現胸

第十一圖

孤身砲

孤身一砲最當先　彼來上手我右扳　左右連環一齊用　下伏斬足串枝連

第十二圖　翻花舞袖

丢右打左彼能為
翻花兩拳将彼陪
任他兩手來的猛
原勢一去彼
難歸

第十三圖

拗鸞肘

拗鸞一勢最為佳
左右虛身有妙法
右拗左合彼難架
翻身肘上拗步斜

第十四圖

左右紅拳

左右紅拳坐馬功
左拳抹眉右拳行
拗勁全在鐵身靠
撩陰推開一溜風

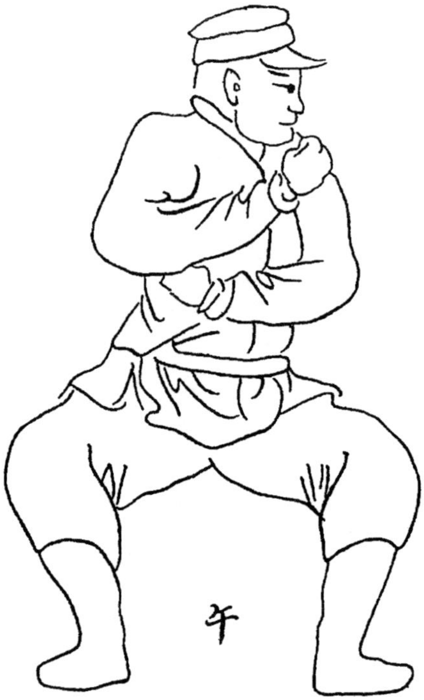

坐馬勢

第十五圖

玉女穿梭倒騎龍

如我去手彼來接
因手得手將彼捌
左上貫耳把他按
順勢提去彼難截

第十六圖

連珠砲打的是猛將雄兵

此勢能當左右風
看準右手再去行
上步穿打彼難攻
裡上猛將出雄兵

第十七圖

猿猴看菓誰敢偷

鐵攢將軍也要走

白猿看菓誰敢偷

十人觀見九人愁

倘彼左手來取菓

連菓帶核一齊收

第十八圖

高四平

燕子孚水雲手

接　橫攔肘去

將彼跌　再若

彼來左右攻

立身四平左右捌

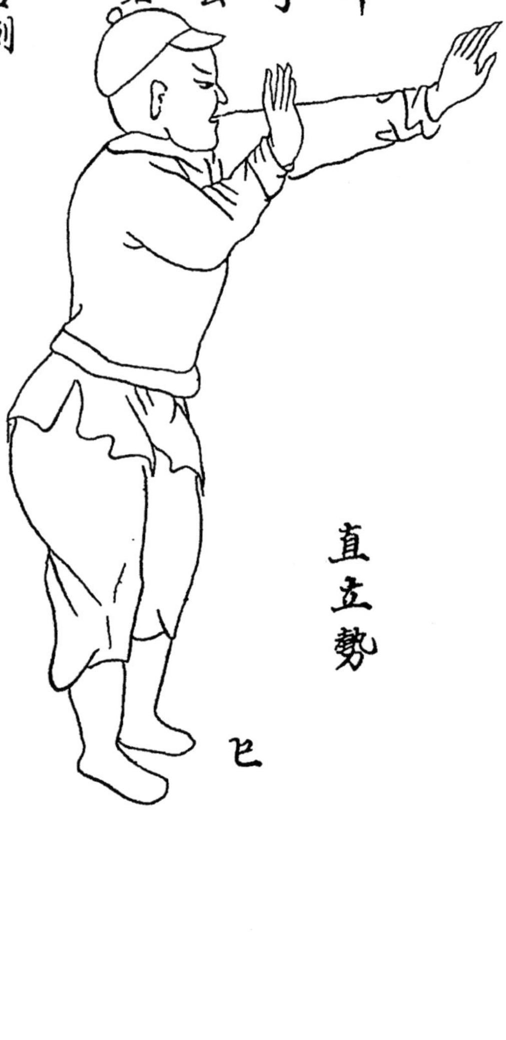

直立勢

乜

第十九圖
仍封脚奪子
如人執刀來砍我
視定標準赤手奪
遠用扔封帶二腿
近者卧攔腦后
脚

第二十圖

小紅拳火熖攢心

我去上手彼來捌

退右左扳將彼接

拗步一拳照心攢

再跟左拳順步敵

第二十一圖

斬手砲鳳鶱藏肘

斬手一砲右門閑
右捌左拿將肘栽
倘若彼身向左擺
提手推肘兩丢開

第二十二圖

窩裏砲

窩裏陰砲去走胸
帶上猛将行雄兵
彼用右按将我擋
上去白虎彼難縫

第二十三圖　打一個井攔

井攔勢用迎門接
任彼左右將我截
撑身得勢壽桃樣
難逃陰拳脇下敵

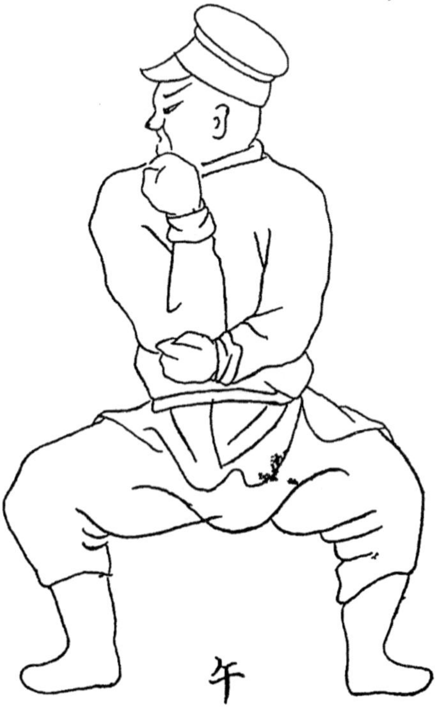

第二十四圖

直入勢

敵用右來我手合
兩鎚火炎如脇窩
彼上後步双連足
當頭空怕泰山落

第二十五圖

庛身拳轉身吊打

庛身拳勢最無能
彼若來時單人迊
仰面一鎚敗身變
推開橫頭山一層

第二十六圖

指當勢

左右閃截爲指擋
退步此勢敵人忙
元勢打下虛在上
只怕敵人群仙防

第二十七圖　前鐮踢膝

彼似左手將我擊

彼身用手敵人疑

手足裡外一起上

脚踢膝脇彼着急

第二十八圖　金鷄獨立

金鷄獨立且
留情　左右
用時一般
同　彼用
拳掌來擊我
格攔提足撩陰中

第二十九圖

朝陽起鼓

如彼攢來我左扳
此拳壓在彼胸前
他托我肘用拳變
肘底看鎚走膀肩

第三十圖

護心拳

護心拳法八面
縫　轉擺扭身
視彼行　全在
步脚根扎穩　六
縫四避也難容

第三十一圖

專降快腿

彼用左來我
左捌　上右
我用抹眉接
擰身拳脚同一起
讓他手快也難敵

第三十二圖

拈肘勢逼退英雄

拈肘一勢最為佳
先用右手將彼拿
脇下横去人難躲
再上拈肘彼無法

第三十三圖

嚇一聲小禽拿休走
彼將我臂右手拿
手捏掌背另有法
向回一拉抱懷內
壓肘在心攢項下

第三十四圖

拿鷹捉兎硬開弓

如彼來時左手扳

仰面一捶把臉翻

雖然不是泰山去

坐馬開弓並相連

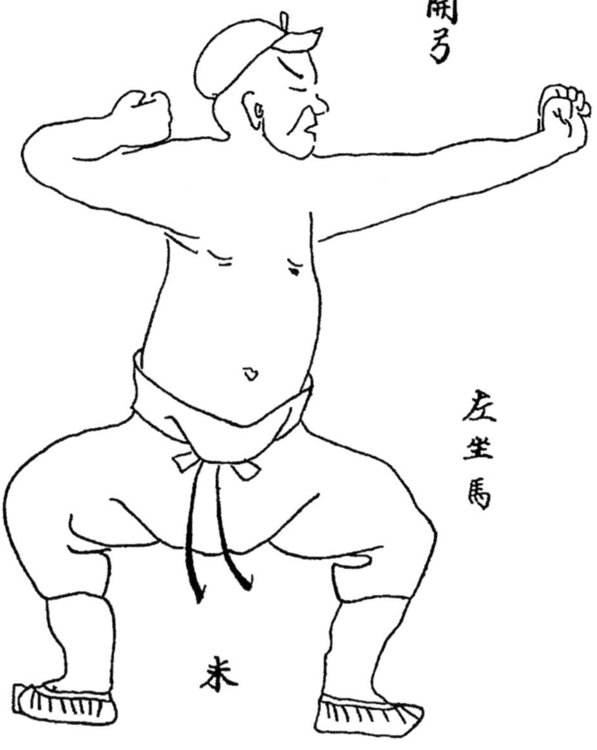

第三十五圖

下扎勢閃驚巧取

敵從上來我弗憂

閃驚巧取虛迎丟

扶提攢打彼有救

橫去飛仙敵人愁

第三十六圖

倒扎勢誰人敢攻

倒扎一勢誰敢攻
此勢其中有內容
若識此拳怎樣用
仍與扳拿略相同

国术理论

提要

《国术理论》，一册，印本，无封面、扉页、版权页，据《国术理论自序》中的落款可知，该书的著作者为王华杰，而且出版时间不会早于民国二十二年（1933 年）八月二十二日。但何人校勘、何单位出版发行等细节待考。

该书有两篇辅文，分别为《国术理论序》和《国术理论自序》，简述了著作者为呼吁大家强身健体、抵御外辱、自卫救国而创作该书的缘由。正文共七章，分别是“第一章　国术之名称及其源流”“第二章　国术教练法”“第三章　国术之失传与普及”“第四章　国术在体育上之价值”“第五章　国术概要”“第六章　练习国术须知”“第七章　国术蠡言”。

全书大体以文字阐释的形式介绍了八卦拳、形意拳、少林拳等八种国术的源流和招式技法，具有较强的理论性和实操性。“第五章　国术概要”更是涉及重心、支撑面等概念，可见近代科学思潮对武术研究的影响之深，仅依靠个人经验体悟来研究武术的传统方式开始发生转变。“第六章　练习国术须知”则从运动场所、运动时间、运动衣履、运动前之注意、运动时之注意、运动后之注意这六个方面给出了详细的注意事项，帮助练习者有效地开展运动。

本书有助于练习者全面了解国术的发展过程，掌握国术的技击招法，领会国术的文化内涵，是中华武术典籍中的瑰宝。

國術理論序

傳曰民得天地之中以生是人之生也固有天地之性在天陽而地陰是人之生也固有陰陽之性在陰柔而陽剛武剛而文柔是人之生也固有剛柔文武之性在惟其如此故孔子之立教也曰有文德必有武備其自修也必明道而善武蓋必如此而後始可以全剛柔兼陰陽不愧乎得天地之中以生之民也自愚民政策行利用民之弱而不能犯我也遂重文而輕武數千年來習非成是既昧吾儒之眞復忘本來之我生生死死於人而不人中吁亦可慨矣我民族今日之所以弱豈一朝一夕之故哉鼎革以來思想自由又直接受世界上强權戰勝公理之教訓國人始覺今是昨非羣起而提倡武術復吾儒之眞見本來之我强民族之精神今其時乎然求其能知之明而行之切者余惟見夫王子新午爲新午著國術理論詳本末明體用蘄蘄昰昰已見頌於社會囑序於余余以爲此乃醫人醫

國之良方也未可以不文辭遂勉以數語識其端民國癸酉秋雁門 馮鵬翥

國術理論自序

自外人遺我以病夫惡謚於是人皆有知恥振奮之心自政府積極提倡國術於是人始知圖存自强之道今者舉國人士咸集中其目光於國術以爲我强國强種之秘鑰舍此莫屬先達者提倡指導後起者孟晉不怠是誠我中華民族前途之光榮洒恥救國於是乎賴矣然余聞之古語曰臨淵羡魚不如退而結網又曰爲政不在多言顧力行何如耳今人每羡古人之技藝神奇資爲掌故之談而於自身良知良能之發揮反漠然視之蓋暴棄之心重而競爭之志薄也有提倡斯道者亦多偏於標榜宣傳之弊而不見事功之成是又重犯多言之戒而力行之意輕也矯其枉而直之厥惟知行一致實踐而不計功體用兼修明辨以篤其行小之可健身自衛大之則强國强種較之一知半解姝姝自喜以爲盡國術之能事者相去豈可以道里計哉惟千里之行始於跬步吾人志在健身以强民努力

實行是爲天職功行學理尤當並重余以此爲志者亦十數年於茲矣自問無所
底然勉其所已知而益其所未知則日夕兢兢也爰將國術理論有存稿者摘要
集成之以與同志共研究焉
民國二十二年八月二十二日汾陽新午王華傑序於太原

國術理論目次

第一章　國術之名稱及其源流
一　內功太極十三式拳法
二　八卦拳法
三　形意拳法
四　少林拳法
五　岳氏散手拳法
六　岳氏八翻手拳法
七　查拳
八　通臂掌法
第二章　國術教練法

一　國術與科學
二　教授國術應施之步驟
三　練習國術應歷之程序
第三章　國術之失傳與普及
一　武當派之戒律
二　少林派之戒律
第四章　國術在體育上之價值
一　人生幸福上習國術之必要
二　國民經濟上習國術之必要
三　學校教育上習國術之必要
四　審美上習國術之必要

五　國術在體育上所占之地位

第五章　國術概要

一　剛柔

二　頭

三　肩

四　手

五　腕

六　肘

七　腰胯

八　膝

九　腿

十　站桩之姿勢種類

第六章　練習國術須知

一　運動場所

二　運動時間

三　運動衣履

四　運動前之注意

五　運動時之注意

六　運動後之注意

第七章　國術蠡言

國術理論

第一章 國術之名稱及其源流

嘗有稱武技武藝拳術武術拳技等不同之名詞自民國而後見有稱爲國技者義皆甚當今政府定名曰國術言爲我國固有之武術也其爲義尤覺宏矣蓋非徒高其名實以國術有強國强種之偉大能力而我國之强更非此莫由故政府定爲圖强之大計人民視爲健身之良藥是必須保存之提倡之改進之力行之毋負文明古國之名一洒東亞病夫之恥吾人顧名思義其亦知所興起乎

國術之傳說者以五代之季達摩之入少林爲始然考黃帝造弓矢驅蚩尤已爲國術之濫觴降而周秦之間劍術甚著迨漢晉隋唐則日趨於盛其間豪人奇士著聞者甚多試讀司馬氏游俠與漢書方伎等傳可以知之矣所謂精精空空亦代有其人未可目爲荒誕宋元以降稗官野史所流傳此術大衍於世統系複雜流派日多而皆推達摩爲之祖蓋先之者非達摩無以傳後之者非達摩無以法乎或曰國術之始始於上古之導引術古者醫藥尚未發明人之病者則俯仰作勢以意導氣使血脈通暢而病自失能繼軒岐所不及學仙者依爲難老之法後漢華陀以五禽戲虎鹿猿熊鳥授吳普普行之九十餘而顏

髮不衰蓋即古導引術之遺法也少林寺僧人以華陀之法與達摩羅漢功融合而作九拳又宋岳武穆
因學達摩易筋經而創雙推手之法是皆注重應用失體育原意然即國術之進步也以此觀之達摩所
傳之法如易筋經羅漢功等僅從事於體魄之鍜煉以安靈魂之休養並未涉及武術而前於達摩者已
有流傳然則達摩雖未創武術而先之者無統系之可考後之者就其法變造以為世倡宜乎世之言國
術者咸宗少林而少林之傳必推達摩為開山祖也少林之最著可知者有洪蘊禪師覺遠上人一貫禪
師澂隱上人獨杖僧等世並目之為外家外家者出家之意以示別於在家者也至元季明初有儒者張
三丰先生融會各家之長納五行八卦等哲理於拳術步法方位之中而以周易太極之理喻其作用注
重精神上之修養曾遊武當山世遂以武當派稱之又宋岳武穆之形意拳清董海川之八卦拳及各名
家巨子代有創作流傳至今派別滋多分道揚鑣各爭門戶世並稱之為內家而以少林武當為派中之
最著者耳惟以派別門戶之不同而去取汚附之爭競遂起蓋學之者多學識淺薄素不注重武德是已
非人其行甚鄙以致謹厚之士視習武為卑下有嗜之者輒屏棄不齒成為習慣人多裹足稽諸已往之
史文人士大夫不屑道焉而武道遂凌夷不振真傳漸失悲夫失傳之原因在乎國人之屏棄國人屏棄
在乎武德之不重武德不重始於門戶之見於以知門戶之爭競實自絕其傳之工具今之學者尚津津

標榜詡詡自得詎非下愚不移之甚者耶故政府正其名曰國術亦存消滅門戶意見之深意杜塞自絕其傳之爭競其興滅革弊之苦心孤詣誠不淺哉內外家之相輕互詆既深爲世病而內外功之淆混謬說亦遂不辨其眞僞內家外家乃在家出家之意凡在家之練武術者雖非武當亦內家也凡出家之練武術者雖非少林亦外家也內功外功之意非指內家外家而言惟視其所練之術而定無論武當少林及任何派別其專主煅練筋肉骨骼皮膚者爲外功其專主煅練腦筋臟腑神經感覺以及精氣神者爲內功但專練外功者其內部未必不練決無精氣神不動而筋肉骨骼皮膚可單獨自動者惟練內之成分少練外之成分多耳專練內功者筋骨皮膚決不能不牽動惟練外之成分少練內之成分多耳此特就專者而言凡功深者無不內外俱練而後有成則所謂專練者尚非完善之法今人自詡其專精且未見其專精者何所謂哉

國術之源流人皆知其略矣而各門各派之歷史在此融化意見消滅派別以圖發展之時可不必有言但一般以研究爲志者又不欲僅知皮毛徒習形式故應擇通行各省各界之國術數種述其源流並及於主要之行功方法俾有志國術者知所與起焉

一　內功太極十三式拳法

太極拳術在近年以來盛行全國並傳於歐美幾於婦孺皆知考此拳法之傳其說不一蓋以太極拳術之種類甚多如統稱太極似不確當今之盛行全國者實名太極十三式人多簡稱爲太極拳耳

按太極拳之源流甚遠有謂係唐人許宣平所傳共三十七式名三世七又名長拳以其互相繼續聯貫式路甚長故也其拳法要訣有八字歌心會論周身大用論十六關要論功用歌等傳宋遠橋當袁項臣盛時有宋書銘君者年逾古稀爲袁之幕客自言爲宋遠橋後其拳法言即許宣平先師所傳之太極拳名三世七者也有謂宋遠橋爲三丰弟子者

唐時有李道子者居武當山日啖麥麩人稱夫子李所傳拳法亦名太極又名長拳先天拳傳江南涇縣俞氏

梁武帝元帝時有程元滌者工太極拳傳至宋紹興中有學士程瑟爲其遠孫更精是術著有用功五誌四性歸原歌等改其拳名爲小九天共十四式明時有殷利亨者傳太極拳十七式名後天拳法其用多重肘

明洪武中有隱士張三丰先生工太極拳曾遊武當故名武當派亦稱內家拳其法以八卦五行衍象於手步之運動共十三法即今盛行之太極十三式也

太極拳之相傳既有數派近人習者多相信張三丰所傳爲正宗故武當內家之名獨標於世今略其餘各種太極拳專言十三式之源流

按各書所載太極十三式之源流其說不一但吾人非治史學者僅可並存其說留待考證相傳張三丰爲宋徽宗時人以一人殺金兵五百餘因傳其技於秦晉之間後百餘年有山西人王宗岳（一說西安人）得其精奥名聞海內著有太極拳論太極拳經行功心解搭手歌總勢歌等王宗岳傳溫州陳州同嘉靖間張松溪爲最著松溪之徒三四人而四明葉繼美近泉爲之魁由是流傳於四明四明得近泉之傳者爲吳崑山周雲泉單思南陳貞石孫繼槎皆各有授受崑山傳李天目徐岱岩天目傳余時仲吳七郎陳茂弘雲泉傳盧紹岐貞石傳董扶輿夏枝溪繼槎傳柴元明姚石門僧耳僧尾而思南之傳則有王征南思南從征關白歸老於家以其術教授然精微所在深自秘惜思南子不肖賴征南經紀之故盡以不傳者傳征南征南名來咸一字瑞伯清順治時人世稱浙東大俠黃黎洲爲之作墓誌其記征南事有云予嘗與之入天童僧山焰有膂力四五人不能掣其手稍近征南則蹶然負痛黎洲季子黃百家爲述征南拳法有云「自外家至少林其術精矣張三丰既精於少林復從而翻之是名內家得其一二者已足勝少林」云云按百家亦王征南之弟子也百家所傳者有六路長拳十段錦等歌訣又寧波府志載

張松溪傳言松溪擊少林僧事且曰「拳勇之術有二一爲內家一爲外家外家則少林爲盛其法主於搏人而跳踉奮躍或失之疎故往往得爲人所乘內家則松溪之傳爲盛其法主於禦敵非遇危困則不發發則所當必靡無隙可乘故內家之術爲尤善」云云自松溪傳於浙東以王征南爲最著征南之後以甘鳳池爲之魁此皆南派人士也清人蒲松齡聊齋誌李超事載王漁洋之說云「拳勇之技少林爲外家武當張三豐爲內家三豐之後有關中人王宗宗傳溫州陳州同州同明嘉靖間人故兩家之傳盛於浙東順治中王來咸征南其最著者也又曰征南之徒又有僧耳僧尾者皆僧也」按孫繼槎傳僧耳僧尾此或漁洋之誤北派太極拳由王宗岳傳河南溫縣陳家溝陳氏考陳家溝在溫縣東十餘里其村陳姓佔十分之七八故名陳溝村陳氏之先祖原山西晉城縣人居東土河村繼移沁陽東之陳卜莊後復移溫縣陳溝村陳氏遠祖名敬伯者精內家拳法造詣極深至七十餘猶如壯夫與山東張百當比試武技張死而陳亦以用力過甚氣脫而亡故相傳有打死張百當使死陳敬伯之語其後有陳王廷者字奏庭功行尤絕倫人莫能敵其弟子蔣八楊四皆負盛名清之中葉有陳長興者立身中正專攻太極拳人稱之爲牌位先生時族人陳有本陳有恒及其子弟耿信紀信陳耕耘等皆祖傳太極拳功行爲一時之冠咸豐三年捻匪首領楊大頭率衆襲陳溝爲陳氏族人殲之自是陳溝之太極拳名益著陳耕耘傳

子延熙延熙傳子福生皆精深純摯福生先生曾任北平體育學校教員專教太極余曾識之陳長興先生業商設藥肆於直隸廣平府時有永年縣楊福魁先生者字露蟬聞陳之名與同里李伯魁俱往師焉初至時同學除楊李二人外皆陳姓頗異視之二人因互相鄭擊晝夜用功學之數年技成而歸其拳剛柔相濟天下無雙神明變化人莫敢敵故當時武術界人士稱露蟬曰楊無敵名滿天下矣爾時清親貴王公貝勒多廣納江湖異能之士以自炫露蟬之技冠北京從之遊者凡八王故號露蟬爲八侯生子三人長名錡早卒次名鈺字班侯三名鑑字健侯亦號鏡湖弟子之最著者爲全佑萬春陵山紀德諸人而以班侯爲冠當時王公貴冑雖提倡拳術然每阿其所好互爭短長或聘拳師入府邸從習或就所管衛營分聘教授士卒於是端王邸爲露蟬先師及班侯健侯兩先師教授太極拳肅王邸爲董海川先師教授八卦掌號公府則爲譚腿及形意拳之試驗場郭永深先生常駐焉東西兩營東營爲雄縣劉仕俊先師教岳氏散手西營爲楊氏教太極拳時相水火焉而名師輩出英才濟濟亦可想見當時國術中興之盛矣

楊氏太極拳盛行數十年來自露蟬班侯健侯先師謝世後其功行最優聲名最著者爲楊少侯紀子修許禹生吳鑑泉楊澄甫諸先生少侯澄甫均健侯先師之子少侯幼受露蟬班侯兩先師之親傳在北平

負盛名前年因經濟壓迫憤而自殺於南京可哀也紀子修先師名德幼從劉仕俊先師受岳氏散手法九年而技成復從露蟬先師受太極十三式與班侯健侯爲師兄弟行民國十一年二月歿於北京壽七十有七許禹生先生名龗厚現任北平國術館館長行政院諮議教育部體育委員等職爲健侯先師高足弟子親承楊氏衣缽兼長內外各功行吳鑑泉先生名愛紳爲吳全佑先師之子全佑親受業於露蟬先師故鑑泉家學源淵功尤純鍊現在上海教太極拳及門弟子亦不乏名手楊澄甫先生現充國術教授不佞學太極幾二十載學式於吳說着於紀問勁於許之數先生者皆負責提倡斯道者也其功行學識令聞軼事知之者甚夥不復具載

二一 八卦拳法

八卦拳者實名八卦掌法史籍無所稽考不知究創於何人惟清之中葉有董海川先生精是術今之所傳者董傳耳按董先師名山字海川順天文安朱家塢人生有神力喜習武技嘗訪友江淮間遇一道士謂之曰汝嗜此曷隨我行董從之西行數月至雪山備略艱苦忽見道士飛奔而去追之莫及復前行數日有童子招之入山寺道士瞑目坐殿中謂曰汝竟有緣可勤習無忘其拳法劍法皆非人世所有居三年道士謂藝已成可歸去董聞言悲伏道士以手撫之驟失所在寺院亦渺但見荒烟蔓草而已董下山

詢途人始知爲四川境歸後憶師言情欲不斷者不易精遂自宮入瑞王府爲宦者暇則授徒游其門者幾及十八在府三十餘年更入某府數年六十有六歲卒故人每謂八卦拳得之仙傳在董以前莫得而詳也董之弟子其最著者有程廷華（別號眼鏡程）尹福（別號瘦尹）馬維騏（別號煤馬）劉鳳春（別號翠花劉）李存義魏吉宋永祥宋長榮梁振普張占魁王立德史六等輩皆負盛名故今之八卦拳法於內家拳中亦可謂獨樹一幟焉

余昔年在北平受業國術時識劉鳳春先生頗知其軼事劉師鳳春字森清河北涿縣人少在京師花兒市習翠花業與眼鏡程煤馬居甚近程馬皆從董海川師習武技技名八卦掌其法以兩掌同向左或右之任一側方伸出前掌在上立掌與額平後掌在下置前肘之下掌心向前而略仰目視前掌虎口走步作圓圈周而復始及改向又一側方則以後步作前步後掌作前掌仍走圓圈步與掌皆不變惟改方向之時須前後相隨上下一致謂之換掌攻守應用之方皆在於是名八卦者換掌之式凡八象乾坎艮震巽離坤兌也掌者別於拳也董師聲名甚盛劉師時患吐血見程馬習技而慕之遂因程馬介從董受業病旋愈三年而技已成在董門年雖最少而名埒於程馬師一日游城隍廟見少林會惡少隨婦女後喧鬨爲樂師怒責惡少諸惡少執械環攻師從容擲擊當者披靡擲惡少有飛高墮樹杪者正鬭間忽一偉

丈夫奔至呼曰速去休此八卦門劉公也視之爲業鏢行之單刀王五也王五字子斌以護言官安維峻出京得名譚嗣同曾從王學劍術王後死於拳匪之亂爲外兵所槍殺王時亦少林會人時當夏日劉師衣白綢衫爭鬥之後略無所污王五指示衆曰如此手足當者寧有幸耶自是深相結納幾輔之間無不知有翠花劉矣師平生爲人保鏢護院數十年所至脊小斂跡師與程馬最相得功行亦相埒嘗見其行動剽疾全身是手指力尤堅勁絕倫能以二指碎榛實之殼體尤壯實腹硬如鐵嘗有力士因拳擊師腹而致脱腕故又有硬肚之目形意拳名師李存義曾拜董海川之門習八卦與師及程廷華最友善情逾昆季故八卦形意兩門自是爲通家民國十八年北伐之役傅作義軍守涿縣師時在城內受砲火驚患神經衰弱症移居北平國術館養痾次年復患痢旋里五月十六日卒於家年七十有二總觀劉鳳春先生之技亦可知八卦拳術之神妙矣而劉在董門論年齡猶爲最少其尹程馬李諸先生技皆絕高無怪八卦拳價値之重與太極拳法並稱於世也

一說董海川先生之八卦拳得之南陽玄妙觀畢云雷畢澄霞之傳兩畢皆道士與前說是否爲一不可考也又有謂董之八卦拳爲八卦轉掌此外尙有伏義八卦拳單勝八卦掌雙勝八卦掌單變勝八卦又名硬架子八卦河南劉懷所傳爲陰八卦陽八卦二種陰八卦善點穴又講七十二老筋六十四少筋揮

海八手總稱曰八十捶陽八卦係由陰八卦變出拳用陽勁故分陰陽也然當今通行之八卦拳多爲董創之轉身八卦而式法亦多不同考此種拳法不過再傳三傳已分數種姿式所望研究國術之士整理而統一之也

八卦拳法之原理亦純根據無極太極兩儀四象之哲理而變化剛柔相濟與太極拳理論多同其要有避三害重九要又分四德八能四情等三害者何一努氣二挺胸三提腹九要者何一要塌二要扣三要提四要頂五要裹六要鬆七要垂八要縮九要起鑽落翻分明是也四德者順逆和化也八能者搬攔截扣推託擲拎也四情者按八卦變爲六十四卦合之順逆和化四者之中而爲德行之於身者而爲道用之於外者而爲情情也者即起鑽落翻也練式時須旋轉輕靈迅速穩健神貫於頂氣沉丹田爲最要耳

三　形意拳法

形意拳亦名心意拳有謂北宋張三豐所創亦稱武當派內家拳宋南渡後岳武穆王得其眞傳遂流傳至今言三豐創形意者無史可據今人皆相信岳武穆爲創始之祖按岳武穆當宋之衰以拳棒敎鄉曲子弟以防金人岳氏生有神力嘗研達摩易筋經獨得其祕乃創形意拳法雙推手法余存有武穆之形意眞譜其行文說理英風宛在相信非武穆不能也自宋至清其間授受之迹人多不詳清初蒲東姬際

可先生於終南得武穆真譜遂專心是術卒至大成傳曹繼武此門之著稱者有馬學禮戴龍邦李能然劉奇蘭郭永琛車永鴻宋世榮白西園李存義等戴龍邦為山西祁縣人李能然即李老能亦稱老農河北人經商晉太谷縣得戴之傳傳之河北至今山西形意最盛皆自祁太二縣傳出孫祿堂福全先生著有形意譜源流甚詳孫亦專精形意而兼習太極八卦者也自清初至今三百年來愈演愈精而有流行今日社會之形意拳在內家拳中與太極八卦鼎足而三成為國術正宗先輩提倡之功不可沒也形意拳講一氣兩儀三才四稍五行六合七進八勢等一氣者先天真氣也兩儀者陰陽也三才者三節也亦曰三體四稍者血肉骨筋各稍也五行者五臟也六合者心與意合意與氣合氣與力合手與足合肘與膝合肩與胯合是也七進者頭肩肘手胯膝足皆進又曰七疾七順八勢者頂扣提圓抱垂清明也又有八方八要之規條現通行之形意拳有劈鑽炮橫五拳又有十二形連環雜勢按五行相生五行相尅等名稱悉由五拳推演而來劈拳練肝劈拳練肺鑽拳練腎炮拳練心橫拳練脾此五拳者純練內臟之精氣而及於應用故亦稱內功拳法也

四　少林拳法

按少林為寺名在河南省登封縣嵩山其山東謂之太室西謂之少室少室山有五乳峯形如飛鳳寺在

五乳峯麓少室當其南爲後魏孝文帝所建以西域沙門跋陀有道業孝文敬禮之於太和十九年立少林寺以居之至孝明時達摩大師自梁適魏面壁少林見徒衆精神萎靡筋肉衰憊每一說法昏鈍不振於是達摩師乃訓示徒衆曰佛法雖外乎軀殼然不了此性終不能先令靈魂與軀殼相離是欲見性必先强身吾爲諸生立一强身術每日晨光熹微起而習之必當日進有功也於是乃示練習之法其前後左右不過十八手而已世稱爲少林五拳五拳者龍虎豹蛇鶴也龍練神虎練骨豹練力蛇練氣鶴練精爲式簡單共十八手此爲少林拳術之根基少林寺僧人承其意由覺遠上人秋月禪師等代有創作遂成一百七十餘手其所用手法多爲挑斫攔切封逼擒拿托插纏剪牽緣長短分龍等等步法則爲馬襠弓箭寒鷄剪擋等四種今日流行之外家拳如查拳洪拳花拳砲拳太祖拳唐拳信拳明堂六合拳羅漢拳八仙拳少林通臂拳迷踪拳劉子脚螳螂拳弓力拳以及譚腿等門源多出於少林五拳變化演進而成一家此少林派之大概也至達摩之傳於五拳外尚有易筋洗髓經相傳洗髓經不傳於世易筋經則有譜可稽唐李藥師序云「易筋一經留鎭山門後一僧遊少林以不能譯其奧乃懷經遠訪遍歷川嶽得西竺聖僧般刺密帝敎以進修法三百日而身如金石乃隨聖僧化行海嶽不知所之徐洪客遇之海外得其祕諦授之虬髯虬髯又授之於余余嘗試之輒有奇驗」今世所稱易筋經鐵布衫十三太保紅

燈罩爲四大名功宋岳武穆即由易筋經以成其神勇數百年來亦不乏奇才異能之士是皆少林傳也少林以武顯始於唐初後復以棍聞考裴漼少林寺碑云大業之末九服分崩群盜攻剽無限眞俗此寺爲山賊所刧僧徒拒之蓋即僧志操惠瑒曇宗等與王世充軍戰執充侄仁則歸唐立功者十有三人曇宗授大將軍其餘不欲官賜地四十頃水碾一具即栢谷莊也迨元至正間紅軍作難苦爲教害適爨下一人慰曰惟衆安穩我自禦之乃奮神棍投身灶煬從突而出跨立於嵩山御寨之上紅軍自相辟易而退寺衆異之一僧謂衆曰若知退紅軍者耶乃觀音大士化身緊那羅王是也因爲編籐塑像故演其技不絕此爲少林棍之起源其棍法有大夜义棍小夜义棍陰手棍各有六路排棍三路穿梭棍一路其法詳明代程冲斗少林棍法闡宗明茅元儀武備志亦稱之程冲斗學技於少林得洪轉師洪紀師宗想師宗岱師廣按師之祕傳少林之傳不僅拳棍明人文翔鳳遊記稱「觀少林六十僧之以掌博者劍者鞭者戟者云云」以知其各技皆備王士性嵩遊記云「武僧以技獻拳棍搏擊如飛中有爲猴拳者宛然一猴也」於此知少林拳法諸技俱備歷數百年而流傳愈盛術愈精言外家者莫不祖述之也有清一代禁習槍棒少林亦被摧殘精華漸失今時少林僧衆覩國術之中興又復重振其宗派與武當爭衡想見嫡傳絕技必可再重於天下也

五　岳氏散手拳法

世傳達摩大師有坐功立功行功諸法岳氏散手拳法即行功也宋時岳武穆得之於鳳泉山僧其初僅九手法分爲上盤三手中盤四手下盤二手傳之旣久每手各化爲二十手共一百八十手更分左右衍爲三百六十手其站莊用川字地盆式身法用半馬式步法則以足尖由外向內鈎盤練時每進一步輒畫一半圓圈兩足互畫殆即達摩禪師所創十八手中之鈎腿盤旋法也惟自岳氏迄今其間師承遞嬗之迹不可得而詳其爲技也簡老精到樸而不華演練時殊無可觀習者甚寡故其傳甚少當清道咸之際雄縣劉武師傳其術師劉姓名仕俊直隸雄縣人居邑城東北之孤鐘頭幼嗜武技喜弄槍棒一日在邑中蘑菇屯菜寺旁練技寺僧出睨之良久曰兒習此豈能搏人耶師怒其無理走撲之立仆乃大驚異因懇授技僧遂以岳氏散手法教之且留之曰此絕技也其善習之半年僅熟數手而僧去時天下多事里人多販硝礦禁物牟利師亦與焉一日爲官兵追捕同行者相散逸師獨避匿野寺中見殿磚礎石皆有足磨凹痕方疑訝間一僧入問曰汝識我乎師茫然莫對僧曰汝非曾習岳氏散手者乎始恍然識爲師友名法成者也亟叩首稱弟子留寺三年盡得其術乃授徒得徐盛武查納封阿李德奎蕭賓等於是岳氏散手始流傳於北京後師以事赴粵過佛山劉四和尙能疊銅錢百枚於地舉大刀斫之悉中裂爲

二而地無刀痕師嘗與往還研究間亦授徒值英兵據廣州四出搜掠鳴槍示威師寓彈落如雨人咸驚駭失措師獨從容治食食已詔其徒五人曰可行矣疾走如風竟得脫險過弟子柳超家柳素富以數人運財貨避難赴瓊州師爲護之行一無所失由瓊北還至京時護軍統領廣公爵科喜技擊謀以此課部曲延師設一廠於六條胡同名東廠同時延楊班侯師授太極拳於香兒胡同名西廠材技相埒一時稱盛東廠弟子凡七百餘人精散手者紀緒紀德慶喜存禧文奎烏雲珠那清阿瑞祥吉陞德利諸人其最著者也一時名手如大槍劉德寬等皆從問學茂州鏢師曹廣健在山東道上號稱無敵與師相角曹應手而仆自是人益憚之嘗謂行經九省未嘗見一拳師其自負如此紀緒紀德爲同胞昆仲緒爲正陽門領性孤介不樂授技德師字子修因習技終身不娶從劉師學散手九年而技成能臥地以臂當重車輪輪過而臂不傷由是以鐵臂名後復從永年楊露蟬受太極十三式剛柔相濟名盛一時民國六年余於京師得識紀師亟拜師門從學散手法及太極拳時師同學多物故惟師與兄紀緒老壽相從數年獲益匪淺師於民國十一年二月歿壽七十有七人皆惜碩果之不可僅存也散手之傳既無拳路亦無名稱蓋昔人資以爲實用非花着資勢徒悅人耳目者可比亟望同門人士整理而編輯之也

六　岳氏八翻手拳法

八翻手爲少林派之嫡系余兒時見鄉人有習子母拳者言得之於大槍劉氏之傳問以源流不能對其運勁作勢亦異於是及遊金台得受教於劉師恩綬始悉八翻手卽子母拳以變化無窮而得名又名岳氏連拳清咸同之際雄縣劉仕俊先生授技於北京護軍營技名岳氏散手亦名鷹手拳劉德寬先生從而學焉先生劉姓名德寬字敬遠河北滄縣人滄南皮鹽山青縣爲古之東海郡素產技擊名家先生生產其間耳濡目染自幼卽精北派各家拳術尤精於槍術道光時有山東人張姓實水北京槍法無敵得其傳者爲金槍徐六鐵臂劉仕俊先生學槍於徐徐爲六合門名手先生繼之故人稱大槍劉六合大槍者相傳卽水張槍也先生既成名尤願集各家之長以深造由徐先師介紹訪雄縣劉岳氏散手爲劉之絕技以其祕盡傳先生繼復拜董海川先師習八卦拜楊露蟬先師習太極諸技俱備既博且精乃擇散手之精華參以各門之奧義編爲岳氏八翻手八路左右互習一路既盡輒翻轉身法再接一路而其勁不斷連續變化神妙莫測故又名連拳子母拳也余師許禹生劉恩綬兩先生皆先生之高弟子於八翻手之功行甚巨紀子修師則遵守劉仕俊師之成法專散手而不改尤爲難能先生之傳甫至再至三而余鄉人之所習已大不類蓋知其然不知其所以然歟先生於民國紀元作古弟子輩皆能傳其術許師禹生列八翻手爲基本拳科既便初學尤長應用余於太原市國術操練場及山西省國術促進會加授

此拳法且編爲教本其特長爲捋打擒拿推按擱截肘靠滾壓捆鎖擠鄧十六字在教練方面個人團體皆所適宜施之應用有戰無不勝之稱整齊雄壯尤爲特色

七　查拳

據查拳舊譜云明時有武殿章先師傳鈎連楲代四種兵器至清初武盤師卽武祖之後住南京二龍崗至武照熊時北遷至臨清州授徒四人卽楊劉沙馬四姓創潭腿門至潭腿中最要者卽十腿八式也十腿爲母八式爲子各有式法運用於一身練者依其式而研究之十路之式要注重十字卽潭蹬踩踹踢撑抹拧盤勾此爲十腿之法八式按乾坎艮震巽離坤兌八方之式以十腿八式合而爲一再以天地陰陽五行八卦生尅之理出入進退內外變化之法合成四個拳架一曰六家式二曰二十四式三曰老拳架子四曰黃蒞架子共有六路短拳十路查拳有無窮之妙其要訣有論十路潭腿論六家式論二十四式論老拳架子論六路短拳論十路查拳其詞多七字訣脚韻頗順臨清張桐義先生爲查拳高手清光緒間在北平國術界負盛名傳其猶子張玉連先生現充北平國術館教員藝屬嫡傳功尤純摯惟張君所示舊譜誤甚複雜茲誌其源流大略餘不及耳昔余從劉彩臣先生習六路短拳與張之傳相同蓋是着法且甚美觀亦外家之精華也

八　通臂掌法

經常習見之通臂拳法亦少林之一種茲所誌通臂掌法與之異又稱仙猿通臂掌相傳清初有馬龍標者習技東三省居山中古寺日常擊刺無巳時暇則獨遊山中偶見二猿相撲馬於山嶺觀之其身手步法靈妙非常若亦具有成法者自是日以爲常二猿亦見馬無惡意馬試與猿搏弗能勝於是師猿三閱月得猿之祕授猿久不見馬亦無以踪跡之始去此山素與馬爾汝之輩皆歎馬技之神馬於是別創一門爲弟子立拳式示以練習之方致用之法名之曰仙猿通臂掌數傳而至河北有王崑田者得其眞傳爲富商護衛僑寓山西居平遙縣有年故今平遙通臂掌之傳猶盛皆王之徒也此門練習拳式之外有單練之法俗稱溜膊走步打袋蓋以掌致用全賴膊鬆步法碎小而靈速儼然猴之動作也袋有吊袋卦袋之分吊袋高懸於樑卦袋平舖於案習國術者多知之聞王所打之吊袋重一千二百餘斤打時往復飛舞於空中其功行亦可觀矣此門之著稱者首推梁廷元氏梁弟子裴君與余友善裴言王崑田生當道光之際交遊遍海內性豪爽不拘細行與人交手未嘗敗北被其擊者不死且大傷名盛一時人皆憚之王亦自覺得意以爲可兒撫一世之英豪矣會爲某票號保鏢至京師京師國術正盛名人輩出王遍訪之皆不當意以爲徒負虛名耳黠者知王技欲介與各名家一角慫恿之王意動且曰今人碌碌余一

掌可了之也時楊氏露蟬之太極拳冠燕都號稱無敵王聞其名因介者訪楊以較技王衣鏢師服高視闊步自覺不凡至楊之家適當盛夏露蟬臥大棚下籐椅納涼手執三尺餘之旱烟管身衣長衫怡然自得見王至起立致敬視王所衣謂之曰此鏢師招牌也君殆精於技擊者然老夫相人多矣凡輕露自滿者其技皆劣君衣此招牌無異醜婦自炫也吾見君氣宇軒昂尚可造請恕吾狂直王聞言憤甚自以生平所向無敵引楊言爲奇辱遂請相較露蟬莞爾曰由客自便時露蟬長身直立態度閒暇左手托旱烟管徐徐吸之王於十步外作勢攻入輕捷若猿兩臂搏轉如輪呼呼有聲介者爲露蟬危一轉瞬間有物直上天井旋墜地視之王也俯首不起稱弟子願拜門牆露蟬猶徐吸其烟立原處笑容可掬若無事然介者結舌莫明其妙蓋未見露蟬施何手法而王亦不自知其何以直上天井也王五體投地固請受業露蟬遜謝不遑介者代請始允以王精於用掌而偏於剛因示以太極柔順之妙王聰穎過人居未久技已大進太極與通臂掌門自是爲通家王感露蟬之惠終身師事之不少異至今通臂掌門每稱露蟬爲祖師非無因也裴君承王之嫡傳功行卓絕在斯門最負盛名按之現時諸人當首屈一指其所練亦剛柔參半變化無窮習國術者有研究之必要是亦北方國術之特出者也

前述通行之國術數種敘次其源流大略以爲愛習國術之同志告或得之載籍或來之傳聞蓋國術一

道受專制時代之壓迫素乏著作雖護統系且或書異其辭人異其說而不佞又非治史學者姑以所見聞佈於言論亦未敢必其信與否也但吾人着眼之處應作實際之操練研究登同胞於仁壽躋國家於盛强是不佞所懇切期望者若徒視爲奇蹟異聞資爲酒後茶餘之談助是忘却病夫之惡謚異族之侵侮也有心人士其作何感想哉

第二章　國術教練法

國術教練法者言教授國術者應施行之步驟練習國術者應經歷之程序也我國國術雖有數千年之歷史然教者祕密不傳學者雖明成功之路徑以致漸就淪亡殊堪浩歎即有底於成功者亦不自知其所以然惟由習慣而成徒善其身無補於後且昔之教者類假道學哲理以擬合其說或爲簡略之歌訣夫豈無智識者所能明瞭而往昔學者又多非智識階級是以不競故成功者號上智而人不皆上智也若以上智之事責望於中下之人詎非甚慎試觀我國百藝之傳最遠亦最古而反不逮東西各國之精巧日進者孰不由於墨守退化哉比年以來國術科學化之聲浪日高於以知國人已變其固守不進之觀念而從事於分晰歸納之研究然是說也余師許禹生先生於二十年前早先吾人而道之矣爰本師說參以管見作簡略之貢獻望國術同志加之意焉昔之言國術者除演習姿勢對拳講求應用外則有

應禁忌之科條若干應遵守之戒律若干應注意之要目若干上焉者盡於是矣此外無他求焉夫國術一道非若是其狹也擴而充之無所不容茲分述其大要如次

一　國術與科學

外人輕我爲病夫鄙視我國國術爲不合體育原理吾人欲雪此恥應徹底明瞭國術本身之價值然以之求合科學則科學甚多豈能一一與國術有關係應以國術自具之性質爲限如力學幾何學生理解剖學運動生理學運動衛生學體育心理學等均與國術有直接之關係敎授者有通曉之必要

力學之槓桿斜面尖劈滑車輪軸螺旋等取之可以證國術各式之運力均能符合

幾何學之線路能應用於國術者尤多如發勁應有定點受力力避平面運動注意重點行步用三角半圓正圓等樁步之兩足平行腿之旋迴起落自成平形拋物橢圓弧形各種線路搭手時應如球面切線擲人時應用垂直或準割線等略舉數則無不合也

生理解剖學敎授者若不明必有違背生理反生弊害之事尤當注意

運動生理學爲生理學之一部分所以明人生各部由運動所得之效果敎授者紹往知來得依學者年齡身體而規定敎程也

運動衛生學所以防止由運動而生之弊害運動固能有益於身體然有時或因種種不良姿勢或偏重任何部分或不合生理或運動激烈過度皆足以生弊為防止矯正各種弊害不得不明運動衛生學心理學習國術須養成高尚之人格故教授方法關於知情意三者須處處留心以免流為好勇鬪很有害性情且於應用方面審察敵勢辨別虛實奇正所關甚巨教授者尤應知之

運動身體不外求精神體力之發育健康自當以有益心身者為主故練習國術不可不擇尤不可不擇師也

教授國術者至少須具上列之智識以之施教不至誤人先不背體育原理再進而為國術本身特具勝負技術理論之研究焉

二一　教授國術應施之步驟

學國術難乎不難也蓋由教者無正當之途徑學者遂失自然進功之程序虛度光陰難期進益故欲練習國術而成功須先確定施教之步驟夫學者之信仰雖基於教師之精神感化然教師之技術亦不可輕良以技術者即精神之客觀表現最足以動學者之信仰為教師者性情溫和態度優美技術精良富於啓發之言論每蒞操塲以身作則模範以示學者尤貴言行合一不為虛渺之空談凡有所言必徵諸

實際尙活潑戒粗野貴敏捷戒輕躁恭禮儀戒因循此教者之態度應如是也學者姿勢之良否純賴乎日隨時爲之矯正若成爲習慣即不易改敎授姿勢應說明動作之次第方向及各式注意之點與生理上所得之效果並將不良之姿勢正其謬誤使學者明其運動知所取法不妨以多次重複之解釋變其辭語多方取譬以輸入學者之心耳積之既久其所得之姿勢運動必整齊而活潑此敎授國術之初步應如是也勤於煆練之學者若得良師之指授半年而可有甚合規矩之正確姿勢此爲余所數見但所謂勤於煆練者一日必有四五小時不息之用功尙須以意志貫注之非若一般學者惟晨間片刻之運動尙彼此借爲談話之時間其終無成也必矣學者姿勢正確之後應量其程度漸次告以各勢對敵應用之方法以相當之時期逐次講解完畢則學者之姿勢進而爲有意識之煆練此學者進功初步也蓋練習國術者徒能作姿勢之運動不明應用等於習其他運動身體之操法決無所謂功夫非僅初學者如是即已學數十年苟不明應用之方亦毫無功夫之可言也故必明習應用練時貫以意識斯爲下功之初步學者當此之時致全力於此必發生疑難步步根尋敎授者應以各式所具之變化隨問隨答且作實際之比譬以求學者能發生適當之應用進而單練專練以求一勢之着熟再求勢勢之着熟着熟云者應用方法已熟之謂也斯謂敎授者指引入門由此便可底於成功也或有詰余者曰此種敎授步

槃施之習外功者甚嘗若內功拳術（卽太極拳）卽講勁不講着倘一概而論豈非內外不分乎余應之曰此言差矣似非眞知太極拳者此江湖欺人之說也太極拳之眞傳不若是太極拳經有曰「由着熟而漸悟懂勁」此勁字指由日久練出之靈覺解非着熟無以入懂勁之域非懂勁無以竟太極之功今若棄着而言勁不啻緣木以求魚今之誤入殊途者多矣遂致用功數年而無所就胥由教授者所學非眞自誤且誤人也余嘗著論爲學者作階梯茲不具錄

三　練習國術應歷之程序

余今爲國術之言論非詳切之著述故擇要言之以喚起吾人研究國術之興趣同躋仁壽盛强之域較其他娛樂有過之無不及有志之士盍興起乎茲就練習國術務須經過之程序分類標列爲教練者之參酌且與國術同志商確焉國術內容含健身修養應用三者健身爲志其功最下修養以成道其旨至高惟應用爲中既健身而由是至於修養以進於道者也分述於次

甲　健身爲謀身體發育而練國術者健身是也然其法亦異於普通之體操以體操爲局部分運動運動何部則何部發達不含他種之意味故興味寡而獲益鮮國術則不然其運動部分固亦各式各有所主然每多調和運動不偏重任何部分內外兼修平均發育且其姿勢富有對敵致勝之理前後聯絡不

斷一氣呵成並能助德智美諸育之發展即身體之發育亦遠非體操之可相提並論古人謂有洗髓易筋之能實不我欺也

乙　應用爲保衛自己攻擊敵人而練國術者應用是也即如何攻擊敵人如何防禦敵人處處含有技擊性質然運動若不合於生理學用力不合於力學用心不合於心理學決不能勝敵而愉快故研究應用之方法必須研究體育之原理計算筋肉之發達並注意精神之作用及智德之修養而後可再則各種國術因種類派別之不同其應用之方法亦異有以柔克剛以靜制動以小敵大以簡禦繁而專以防人爲主者如太極十三式拳法是也有專擊敵人之要害毀傷敵人之四肢以拳制勝者如岳氏散手拳法八翻手拳法等是也恃掌制敵取勝者有通背等拳恃步壓迫敵人者有八卦等拳其餘如形意之勇速長拳之敏捷及其他腿門之以腿擊敵不恃手法者皆各利用其獨到之長甚有以一指一肘一膝一頭之專功而不屬各門各派者雖入歧途要亦有志者之行或不得其門而入者之所爲也吾人志在國術應用者應先識別門派之正否傳法之眞僞得其眞者非但功行學識異於常人其行爲道德亦隨之增益而孟晉是古人所謂最上乘功也返觀是己非人一知半解動輒自命國術鉅子而於國術之眞義曾未夢見者則又自暴其鄙陋令人一望而知爲誤入歧途者矣盖門派有邪正傳法有眞僞雖入正門

而不得眞傳既無益於已或有害於人況其傳僞而其門不正者乎故研求應用首貴以理貫之如前所謂合於生理心理力學等是也以此相衡則邪門僞傳不攻自破至其入手之方各門有其規定則又非可牽論也

丙　修養由健身而至應用及深苦之練習而修得高尚之道德者謂之修養蓋天下萬事無不有勝負之範圍設以國術勝負之理論運用於人事得處世有用之智識終可達安身立命之域凡事皆能默會勝負之理論而超重於高超達觀及偉大人格事業即此所以煆鍊精神也故健身應用之目的終可至於修養以成無上之高尚道德與人格是爲國術最終之結果換言之即莊子所謂技而進於道者也故國術之目的即先依姿勢煆煉以健其身次依技擊方法而磨練其應用進而修養其不拔之精神堅固其高尚道德之思想然則學國術者若其行爲道德方面有缺則雖身體若何健全應用方法若何靈妙亦不足稱爲完全達到國術目的之士學者不可不審也

第三章　國術之失傳與普及

自民國十七年後國術兩字成爲武術之專名詞風行草偃瀰漫全國而習國術者亦日見其重大有不習國術不足稱爲時髦之勢於是自十七年從事國術之士至今日已皆自命爲國術專才造就之數大

可驚八國人方喜其普及余則憂其失傳正不可不爲國術界痛哭也考各種門派之國術類有其獨具之眞精神昔者秘密不傳今則遍地皆是抑何前之珍惜而後之率易也蓋昔人以武術爲健身禦侮之技學 仙者依爲難老之方其在藝術上有極高之價値故在實際上不可不擇人而傳不知者遂以爲秘密矣何秘密之有

「觀武當少林兩大派之戒律其規定極嚴而其末流猶不乏叛師背義之輩於是爲之師者懍然於逢蒙學射之戒故終其身所傳不過一二人然但得其傳者類多承道之子負薪之徒是道於以不絕再觀其投師學藝之艱難雖事師如父執役如僕跪拜祈求經多年之折磨尙不得師之一顧若今之年少氣盛者視之能否有此堅忍故有成者皆篤行好學之士無輕狂薄弱之人也則凡成功者莫不謙下若怯深藏若虛從無炫燿已長目空一切作醜婦之自譽者蓋其經驗折磨忍耐功行俱非一般盲從之士淺嘗輒止見異思遷者所能望其萬一故雖不自譽而人譽之名不自傳而人傳之然非數十年之功行不克臻此是以成者絕少而不成者極多今人第見其結果如此遂概毀之以秘密秘密者類爲無識之人所在多有明達之士敢斷其必無如不傳則屏之門外可耳但入門者未嘗無誨焉夫三千門弟傳者七十二人其不得傳者皆不克負荷聖道者也抑豈有秘密之行乎師之傳弟之投師旣若是其難而得其

眞者亦遂不屑於輕傳則其傳漸少常人至難悉其底蘊乃有熱心之士望其普及爲意旣正且大政府倡之人民和之國術界中人色然而喜以爲從玆可大放光明一掃數千年陋習致使人人心目中有國術而乘機射利求名之徒利用時機大肆其侵略野心各出其老牌門市相號召盡去謙讓之風希圖專利攻訐嫉妒視爲長策甚至同門相忌父子不相能私讐夙怨咸借此題目發揮詆毀盡致甚至有涉歷各門自謂學兼數藝稍得皮毛淺嘗輒止交結務廣多識名師以自誇淹博會不計眞實有無所得入主出奴日事門派之爭競各省如此成爲國術界自殺之工具使有心之士見其混亂卑鄙之狀態裹足不前且視爲有背景而不敢參加致國術之信用漸失不悉內幕者尚舉以普及是眞使熱心國術者引爲慚愧者也

今日之計旣知病根之所在須杜末流之易頹否則積重難返不可救藥故應對初習國術者嚴守戒律尊重武德其卑鄙無行者以大義訓誨必使提高其人格而不爲國術前途害舍此而求挽回誠難之又難也吾人未蒙國術普及之利而第見其弊且病其失傳說者謂爲過渡時代應有之現象豈其然乎日本提倡柔道數十年以强其民族稽諸往迹不多見其若何生弊豈吾國民劣根性之表現無一事物不然乎實人格卑下者雜入其間當此國家混亂之秋借機以圖倖進而遂其求利之心致使全盤强國强

種之國術集團成爲藏垢納污之所在政府無固定之敎學計劃人民缺促進之能力吾恐年復一年愈趨愈下各門各派日就衰頹勢必悉露其自欺欺人之面具打破社會迷信國術神奇之舊觀而成爲一錢不値之學術仍還昔日好人不習拳之習慣吾爲國術自身危又不禁爲民族前途危也此種惡因提倡者良莠不齊固無論矣爲敎師者品格混雜一般無鑒別之明類入云亦云以奇說怪誕相尙而爲敎師者亦以神祕自居以招牌抖攬主顧誠爲識者所竊笑竊其致弊之由實因當此國術中興之日一般曾習國術失業之人藉此謀生不曰某派嫡傳即曰某名師子孫某人高弟大有身外無人兒撫一世之概夫各派名師代不乏人然考其經歷實習有數十寒暑之功行決非今之習者日練半小時不數月而自命專家者比所謂名師非謂其隸某門某派也必有不凡之學術技能然則卽自誇門戶稱爲某子某孫若無眞實之傳亦與他人無別古所謂堯子不肖舜子亦不肖孟軻之子不知何名者非其證歟而況一門一派之中亦有淺深眞假之異蓋國術之眞意第其問實際如何非以門第爲選舉也今人崇拜世家多務名而不求實耳且門派之盛師長之功行各有其價値爲世所稱道於己何益而必借此作招牌以裝體面誠無異自彰其陋乃更有假冒售欺以自高身價者則又小人之尤者也世多不察亦競以此爲聘師目標不論是非不敢異議試問舉國之中若是者不在少數其所敎之成績果何如乎其眞爲嫡

系不愧名家者則反謙下若無能不欲人知甚且埋沒不顯具見其學術道德無一不令人崇拜而已亦不屑於謀利自炫以迎合濁世如北平太極專家楊露蟬先師之嫡孫楊少侯先生於民國十九年一月十五日因經濟壓迫憤而自殺於南京可哀也嗚呼孫子荊有言諸君不死而令王濟死乎誠堪為今之欺世盜名者寫照矣至若少侯弟子徒孫其顯者頗不乏苟有曩昔國術界之義氣何致不能維持此一老之生活觀少侯歿之前一日猶言天理人心其弟子劉希賢親聞之豈不有恨於中哉使其能同流合汚廣結狐朋狗黨何遽不能求生有招牌與功行而不用足使假招牌者愧死論少侯者憐其不智嗚呼少侯之傳正以其不智也其他門派之隱沒不出者當不在少而鼓惑炫赫者名師實不多覯由此觀之國家對於教師之鑒定應有妥善之辦法而學國術者尤不可不平心靜氣以擇師況習國術之通病先入為主無相當程度難有真確之辨識力及知其是非多成習慣不易更改苟至謬種流傳莫可挽救觀年少氣盛者稍得皮毛即夜郎自大蓋所學甚淺而無補養復中教師自誇自是之毒以一知半解至欲概括各派國術其鄙陋無知令人可笑可憐及所得漸深翻然而悔始知天下之大學術之廣未可以如豆雙瞳輕於睥睨及至謙下自卑大勇若怯則其功行必有可觀矣以此衡人各種學術無不如是也吾女兄有子學未一年儼然自大漸損漸怯至於今不復與人談拳技孺子其可教也吾今歷述提倡國術

發生之弊病改善之法或假政府之力或學者教者自動覺悟庶可抵於成功否則所謂普及者直謬種之流傳得其眞者必千萬人無一焉昔者尊師重道以人格作抵質今則師弟之間禮貌且不講轉眼不相識朋友之儔亦視爲隨取隨與之物人視之既不甚重則鑽研以求者日益鮮即或名師相授亦不易成功學者既不肯致其虔誠之意教者遂認爲委蛇應酬之品夫何由以得其眞傳哉即得其眞者試問肯否日夜爲之數十年而不懈乎若視爲可以速成日作一二小時之操練知一着半手自謂無敵於天下者則中國之大遍地皆國術專家矣其誰欺欺已乎甚有曾受業之師轉瞬間即躬行逆蒙之計攻訐毀詆以謀自顯而奪其他位者此輩多爲生計所迫而行不義是又國術界之賊子在昔少見於今不乏者也關心國術者乃有嚴限授徒寧缺毋濫履行襲日舊規以選拔眞才其意謂設無舊日嚴格之規定遊如今日之普及流傳則斯道何能不絕如縷吾意善則善矣惟於國術前途難收大效與不提倡者又何異欲得有利無弊之法須重視教師與學者之人格注意武德之修養普及與失傳之分其在是乎尤切要者今人認國術爲謀生工具此種心理應根本打破免啓社會鄙視之心總須以健身強種爲前提負中國體育之新使命不得以狹小之技術觀念自卑價值而熱心提倡之士應洗從前門戶私見及謀利爭權之野心爲民族生存而奮鬥爲國術救國而犧牲光明正大不愧中華之大好男兒在普及方面

藎量宣傳以喚醒人民自强之志在造就師資方面尤當推誠指導並提高其道德與人格厲行國術應守之戒約爲社會作模範則吾民族必將一變其靡弱病夫之風而復不流爲好勇鬥狠目無法紀之行爲風氣一變盛强可期今者門戶之見仍未破除攻訐互忌賢者不免其無行之輩率以環境與習慣造成無良好之模範莫知所從形成今日全國一致之流弊非急起直追又烏得而普及烏得而不失傳哉至昔日國術之戒律門異其條人異其說見於載籍者又不多覯茲將武當少林兩大派之規約搜集列述以見昔人對於國術之重視諒爲學者所樂聞也

一　武當派之戒律

餘姚黃百家著內家拳法云「拳術至少林已臻絕詣張三豐先生既精於少林復從而翻之是曰內家得其一二已足勝少林王征南先生從學於單思南而獨得其全余少不習科舉業喜事甚聞先生名因裹糧至寶幢學焉先生亦自絕憐其技授受甚難其人亦樂得余而傳之有五不可傳心險者好鬥者狂酒者輕露者骨柔質鈍者」云云按授受甚難其人一語足徵昔賢擇人而傳非關秘密設所傳非人則敗道喪名其禍莫大吾師處有譜其釋五不可傳云夫文止戈爲武入吾門者須宅心仁慈以濟物利人爲主易所謂與天地合其德日月合其明四時合其序鬼神合其吉凶是也故心不光明則險狹陰則險

心險者賊人以益已賊人之人不可傳武以戡亂止暴公而忘私好勇鬥狠世稱不孝暴虎憑河仲尼弗與是私忿而喪名敗身以武技而欺壓良善有辱吾門必不可傳禹惡旨酒孔不及亂劉阮之輩背道輕生世稱高賢不爲狂飲且傷氣而亂性非習武所當宜少飲爲佳戒絕最善狂酒之人必不可傳良賈深藏若虛君子盛德容貌若愚淺者易盈滿者易傾輕露誇耀浮薄招辱浮薄則不克負薪招辱則喪名敗道輕露之人必不可傳骨柔質鈍稟於天賦骨柔者軟弱遲散質鈍者難悟精奧若此姿質學亦徒然是故雖有教而無類未宜知不可而強爲故並列之不傳以重斯道云云此外禁忌之法既繁且夥而即此五不傳之嚴規以律今人其不觸犯者已鮮是知雖遇名師其能得其真者實不易覯也寧波府志載張松溪傳有云「拳勇之術有二一爲外家一爲內家外家則少林爲盛其法主於搏人而跳踉奮躍或失之疏故往往得爲人所乘內家則松溪之傳爲正其法主於禦敵非遇危困則不發發則所當必靡無隙可乘故內家之術爲尤善其搏人必以其穴有暈穴有啞穴有死穴相其穴而輕重擊之無毫髮爽者其尤祕者則有敬緊徑勁切五字訣非入室弟子不以相授蓋此五字不以爲用而所以神其用猶兵家之仁智勇嚴云」觀非入室弟子不以相授一語可知其授受之不易與入室之難決非可隨時隨地教學者古人重藝擇人於此可見

二　少林派之戒律

少林之傳至金元時有覺遠上人得白玉峯之薪傳同在少林勤修猛進少林之[illegible]是大盛因訂戒約十條以昭來茲故出自少林之門者守之維謹無敢或違其約如下

(一)習此術者以强健體魄爲要旨宜朝夕從事不可隨意作輟

(二)宜深體佛門悲憫之懷縱於技術精嫻祇可備作自衛切戒逞血氣之私有好勇鬥狠之舉犯者與違反清規同罪

(三)平日對待師長宜敬謹將事勿得有違抗傲慢之行爲

(四)對待儕輩須和順溫良誠信毋欺不得恃强凌弱任意妄爲

(五)於卓錫遊行之時如與俗家相遇宜以忍辱救世爲主旨不可輕顯技術

(六)凡屬少林師法不可逞憤相較但偶爾遭遇未知來歷須先以左手作掌上與眉齊如同派須以右掌照式答之則彼此相知當互爲援助以示同道之誼

(七)飲酒食肉爲佛門之大戒宜敬謹遵守不可違犯蓋以酒能奪志肉可昏神也

(八)女色男風犯之必遭天譴亦爲佛門所難容凡吾禪宗弟子宜垂爲炯戒勿忽

（九）凡俗家子弟不可輕以技術相授以免貽害於世違佛氏之本旨如深知其人性純良而又無强悍暴狠之行爲能可一傳衣鉢但飲酒淫慾之戒須使其人誓爲謹守勿得以一時之興會而遽信其畢生此吾宗之第一要義幸勿輕視之也

（十）戒恃强爭勝之心及貪得自誇之習世之以此自喪其身而兼流毒於人者不知凡幾蓋以技術之於人其關係至爲緊要或炫技於一時或務得於富室因之生意外之波瀾爲禪門之敗類貽羞當世取禍俄頃是豈先師創立此術之意也乎凡在後學切宜記之

少林拳法自覺遠上人定此戒約逮及朱明鼎革至前清順康間數十年中有明代天潢貴胄之裔與故老遺民憤宗社之邱墟痛種族之淪亡相與遁入空門互相研習精益求精而少林拳法益臻奇妙爲前此所未有前訂之戒約其關係僅屬一身至是則推一身以及於祖國乃由張一全（浙江人）重行增訂戒約較之當日僅對個人立言者大有區別此爲少林第二時期之戒約併載於下

（一）肆習少林技擊術者必須以恢復中國爲意志朝夕勤修無或稍懈

（二）每日晨興必須至明祖前行禮叩禱而後練習技術至晚歸時寢亦如之不得間斷

（三）少林技術之馬步（又名地盆）如演習時以退後三步再進前三步名爲蹈中宮示不忘祖國之意

(四)凡屬少林宗派宜至誠親愛如兄弟手足之互相救助互相砥礪違此者卽以反教論罰之

(五)凡少林派之演習拳械時宜先舉手作禮惟與他家異者他家則左掌而右拳拱手齊眉吾宗則兩手作虎爪式以手背相靠平與胸齊用示反背胡族心在中國

(六)如在遊行時遇有必相較量者先舉手作上式之禮倘是同派必相與和好若係外家（不同派之謂非拳法內家外家之稱也）既不如此則相機而動量其技術之深淺以作身軀之防護非到萬不得已時不可輕擊其要害

(七)傳授門徒宜愼重選擇如確係樸厚忠義之士始可以技術相傳惟自己平生之得力專門手法非相習久而相知深者不可輕於相授至吾宗之主旨更宜擇人而語切勿忽視

(八)恢復河山之志爲吾宗之第一主旨倘一息尚存此志不容稍懈倘不知此者謂之少林外家

(九)濟危扶傾忍辱度世吾宗既皈依佛門自當仍以慈悲爲主不得有逞强凌弱之舉

(十)尊師重道敬長友愛除貪袪妄戒淫忌狠有於此而不謹爲遵守者當與衆共罰之統觀本戒約實合國家主義與種族主義較之前戒約不可同日而語故二百年來凡少林嫡系弟子無不奉之如金科玉律也

此兩種戒約是否爲少林戒約之原文不可得知而其立意之光明正大令人肅然生敬則少林之傳得不論得或賴有此耳有執異議者謂約文淺俗斷其非眞噫此乃舞文評句之所爲不足以爲定論吾於國術書籍傳册見其不成句讀者多不可數蓋文章自文章藝術自藝術不得以文章衡藝術亦不得以藝術衡文章以藝術發表於文章者當着眼於內容之優劣理論之是非其藝文並茂當今之世曾不多覯但有以藝術題目相號召藉以售其攻訐異己宣揚文字以求抬高一己之價値者有神話連篇駭人聽聞以奇說怪誕動社會好奇心理者是將人的藝術揑造成妖怪藝術不出武俠小說家僞造事實愚弄世人之窠臼明眼人自能辨之故論藝術者不得以文害意而況少林以武顯固不必强其善作文章也此外各門各派之規約各有不同惟其內容不外禁忌戒律禮節等等此外亦有連帶將國術本門之流派定義歌訣等列入者或艱深或淺陋行文多不一致而雜亂難解國術界已往之情形大抵如是而昔之習者不論其有無所得其對本門之文字記載物無不寶貴如命尊之若神認爲絕對秘密甚至終身不一示人且有因之釀成盜竊行爲發生命案亦可知其關係之重要矣此等記載物入門弟子亦只能知爲戒約之一部分而絕對遵守之且皆認爲有此物之師即爲正傳無之者亦自引以爲缺憾因其文字皆係抄寫相傳而竟一底本則甚難弟子中有奉師命抄存一本者即以爲莫大榮幸同儕遂從而

贊羡之身價可驟增數倍其畢生之飯碗牢固生活裕如或竟由此而致焉前清習拳捧有禁各國術書籍無付印流傳者民國以來始見發售而各門秘密之本尙不肯輕露蓋此種習慣由來已久不得以一己之見而責之也其中尙有同門而文字記載物不同者則以文字之多寡分優劣有此一篇者即據之以驕人無此一篇者必千方百計覓補之求之者愈殷而被求者愈驕如終求而弗得亦有形成水火而交情破裂者一般雖重視文字之記載如此然學者又多不識字故有書不能讀者甚夥此外變通傳流之法則多賴口授是以又有能傳一手不傳一口之諺說者謂一口者指江湖黑話也其言亦有理惟在拳法中一手只可知一手之法其滿盤玄妙頗能以一語道破故靳惜此一口之傳也上述文字記載物不問其內容若何統稱之曰拳譜其中無論是否錯誤皆不敢擅自更改所借以爲校正之具者亦惟與口傳者相核對口傳者是否錯誤無可稽焉是以一種拳術其傳各異皆根於無系統無整理之故而因傳異所生之互忌攻擊同門相嫉之謬談又遍地皆是當今國術中興之時期人思崛起而各種怪現象尤多於昔日識者謂爲國術混亂期若衡以各家戒約規條未有不觸犯者是國術人格日見退化而欲望其作中流之砥柱以自救救國不啻夢囈嘗之有人違反其祖若父之訓諭而能爲社會謀福利未之有也總上所述國術界在昔日之戒約規章誠具有神聖之尊嚴凡練國術者終身遵守不敢違犯其所

以能源遠流長傳至今日而不墜者獨賴乎此況其主義之正大藝術之神奇使後之迴溯往迹尙欽羨不置然有時爲少數敗名喪道之徒以技欺人多行不義而練成高尙技能者亦不過保鏢護院了其一生人遂以爲危險之途徑不敢問津且有創爲好人不習拳之說者若干年來國術受此打擊雖端正之士身懷絕技亦終身不敢輕露恐蒙世俗之譏誚兒童嗜之者其父兄輒嚴厲禁阻之此種習尙在昔爲甚卽今之窮鄉僻壤文化鮮進之地見習國術者仍多鄙視習慣相沿牢不可破實則以少數不肖分子斷送國術之價值其弊在人不在術也民國肇建熱心之士以習武相號召始有人稍稍注重國術然每因敎師之習氣過甚人不欲近之厥後提倡者漸多人才輩出行將普及於社會但人多視爲打人術而不甚究其在體育上之價值更何論其立意之所在於是習者愈多而能者愈少皮毛普及骨髓漸失而在國術立場之士尤不敢輕於批評召人嫉忌當此混亂狀態中稍負熱心者不得不糾正指導以申正義而含沙射影之徒已攻訐隨之凡有人格者孰肯與小人爭閒氣哉富弼有言君子不勝奉身而退小人則必勝而後已於是乎小人當道無君子立足地位矣國術界之混亂如此有不失傳者吾不信也竊謂欲挽此弊須由注重武德戒約着手前已言之往者不可諫來者猶可追國術人士其知所以勉之哉

第四章　國術在體育上之價値

在昔言教育者曰德智體三育而已今之新教育家更推衍爲美羣諸育故體育在教育上所占之地位除强健身體增進人生幸福之本能外更當與德智美羣諸育發生關係始可謂爲有教育性之體育其取用教材初非就中外地域之分及技術新舊之派別上加以限制也體育之方法種類甚繁今試單獨就國術一項有關於人生及諸育之必要分論之

一　人生幸福上習國術之必要　生物之存在以生命爲本故保持生命爲人類第一要義苟無生命則無自身之存在尙有何幸福之可言但人生幸福應兼肉體與精神兩者言之洪範五福以康寧爲重（康卽身體健康也寧卽精神安寧也）卽所謂以快活身心爲幸福也我國國術能使人氣血充足精神暢適心安體泰食量增進自然日進於健康之域人生之幸福卽於此無形中享受矣否則雖錦衣玉食廣厦千萬而精神萎靡身體孱弱對於種種娛樂俱生厭棄雖富且貴何足欣乎人苟欲精神愉快身體健康以享幸福自不可不習國術也

二　國民經濟上習國術之必要　按經濟原則財產及時間二者均不能有一息之虛耗身體孱弱者醫藥之費固無論矣虛擲光陰減少收入其時間及財產之損失不問可知且因個人身體不良影響之及於國家者甚大如職業廢弛疾疫侵尋夭折相繼饑饉立至貽國家最大之不幸可不懼哉惟國術能

使身體各部均齊發育由臂腕及腰脊之筋力强大馴至增其全身筋肉骨骼系統之發達便於運用外則便手足工作細巧藝術發達內則使諸臟機關之機能同時受其俾益而條理堅實疾病自少對於己身應進行之事業自無畏葸惰慢之弊國家富强指日可期也且國術之運動與外洋體育較旣無待建築設備之費財亦不須有一定之場所及多人之組織隨時隨地無不相宜在經濟上可得不費欵而成功之效果與洋體育之動輒耗若干萬之闊綽大大不類彼爲西洋富人之運動國術則正適於今日之窮中國運動也同是體育同爲强身吾人正不必美穿運動衣戴運動帽齊然整然至運動場手執運動器物代外國銷貨之運動新法而應極積努力於不費時不花錢粹純國貨之國術除同等健康身體外尙可習得禦侮之技術故爲今日之窮中國計爲國民個人經濟計皆有習國術之必要也

三　學校教育上習國術之必要　國民體格之改良發育乃國家百年之大計以體育者德智美羣諸育修養之基礎也習國術者直接之目的在保持其身體各部固有之機能並增進其身體各部抵抗之實力其間接之目的一方誘導智識之官能一方修養道德之忍性蓋五官者精神之門戶感外界之刺激俱有印象之留據教育病理學及神經學之探索例如耳鼻患病即心思爲之沉鬱作用全不活潑每至滯窒其智識甚或變易其忍性是知身體之健全於智德諸育有至密切之關係惟今日學校之體育

尙未盡注意於國術仍以舶來品之洋體育是尙考查二十年來提倡洋體育之結果未見畢業學生體格與常人有何不同之點且虛弱者居大多數較昔日科舉時代之學子不相上下至於技術方面更毫無可稱以練習洋體育本無技術之可言也然則以二十年之提倡而不見效果推之至於百年亦未必有若何效果其弊在徒養成少數選手而不注意於大多數體格之發育所耗之體育費其爲數大可驚人今之言教育者應竭力注意於學校國術列爲必修科實事求是耗費旣可節省成就或能勝洋體育而上之勿使外人笑中國以數千年之古國而無體育必待外貨之輸入今爲國家爭人格學校體育有改習國術之必要也

四　審美上習國術之必要　審美者何即吾人對於山川風月之美景飛鳥昆蟲之美音以及圖書雕刻音樂等諸美術均有一種怡悅性情之感覺是也前者爲天然美後者爲人爲美天然美乃爲人爲美之淵源而天然美中之最美者厥惟人體蓋人類身體之形狀全係由曲線所成四肢軀幹之變化甚富其聲音顏色行動舉止均足表示至美之感情然如何能保持及增進固有之美質則非特正當之體育不可如容貌雖由先天之稟賦而其筋肉與血色則關於營養習練國術能使全體機能作適當之活動則筋血自然發育肉脈自然流通顏色必增腴潤矣反之深居簡出運動不足營養不良日光空氣之供

給均不充分則人體之眞美如何能發現精神之美更無論矣故吾以爲求眞正美人者旣不於名畫集裏亦不在月份牌上惟有從體育照片及國術館中尋之

五　國術在體育上所佔之地位　欲知國術在體育上所佔之地位應先知學校體育之種類試列表區分如左

體育
- 運動
  - 1 規則運動　普通操兵式操單式國術（團體敎練）
  - 2 自由運動　游戲散步舞蹈個人國術（個人練習）
  - 3 技術運動　游泳各種球術田徑賽國術對手
  - 4 職業運動　兵士裁縫競走手工農業國術應用
- 衛生
  - 5 個人衛生
  - 6 家庭衛生
  - 7 學校衛生
  - 8 公衆衛生

依右表觀之學校體育爲運動衛生兩大種類運動爲積極的體育衛生爲消極的體育相需甚殷而不

可偏廢者也運動之種類有四國術之團體教練則合於規則運動矣其單人練習時起人興趣非甚自由而有游戲價值之運動乎國術本身原爲技術而當對手練習時尤須精巧至輔助各項職業精巧手工練國術者均優爲之非居職業運動之地位乎至習國術者多喜清潔身體早起早眠可以節制性欲則又合於衛生矣學校體育之項目有六而國術居其五其價值之可貴如此負教育責任者不可不急起提倡也

第五章　國術概要

我國國術派別繁夥每各有其獨到之處未可概論以任何一種不能代表全體之能力茲擇各派同一之點及其理論分述於次名曰概要

一　剛柔　國術雖小道精而言之亦如佛釋有上中下三乘之別三乘者何即剛柔變化二者而已其宗派法門千差萬異雖有專家獨造之功而剛柔變化之深淺即上下所由判焉上乘者運柔而成剛及其至也不剛不柔亦柔亦剛如卒然臨敵隨機而動變化無窮指似柔也遇之則剛若金錐身似呆也變之則捷若猿兎敵之遇此其受傷也不知其何以傷其傾跌也不知其何以傾跌神龍夭矯莫測端倪此技之神者矣但柔而成剛一段工夫非朝夕所能奏效此上乘技術其成功者甚鮮也所謂中乘者何即

次於上乘之謂也其故因學者初學之時走入旁門未蒙名師之傳授指點流於强使氣力剛柔無相濟互用之效或用藥力或用猛力强練手掌臂腿之專技不辭痛楚朝夕冲搗蠻習遂致周身一部分之筋肉氣血由活動而變爲堅凝死壞致受他種之病害其與人搏也任常人覩其形狀則或生畏懼之心而不敢與較若遇上乘名家則以柔術克之雖剛亦何所用乎俗諺云泰山雖重其如壓不着我何此剛多柔少之所以非上乘也

術以柔爲貴至於專使氣力蠻野粗劣出手不知師法動步全無楷則既昧於呼吸運使之精復不解剛柔虛實之妙乃以兩臂血氣之力習於一拳半腿之方遂自命個中專家此下乘之國術不得混以柔術稱之學者所宜明辨也

中乘之術不過偏於剛多柔少之弊然尚有師法流派變而求之不難超入上乘之境惟下乘者無名師益友之指授日從事於插沙（鄉鄙之拳師教人用木箱盛沙使緊每日以手指頻頻插之使指尖硬於鐵石打樁（即用圓木一段釘入於地中每日朝夕用足左右打之初淺而次第加深如能打翻入地二三尺之樁則足力所擊遇之必傷折此拳師教人練習足力之法聞在昔潮州嘉應肇慶等處多愛習之）抓釘（敲釘於板壁中每日用手指抓之以能抓出最深之釘爲功效如與人鬥指力到處皮膚爲之

破裂此亦西江派所最愛練習者也」磨掌（磨掌之法每日將掌邊向桌稜几側等處頻頻擦磨至皮外堅老再以沙石勤擦並以桐油等物塗之總以掌緣堅皮高起剛硬如鐵為止故人遇其掌筋損骨折無異遇金石之器也）等事究其所到不過與全未練習之人相遇則頗堪恐佈一旦遇柔術名家鮮有不敗者矣由此觀之斯道以剛柔變化能達於極品者為上乘剛多柔少謹守師法者為中乘至於一拳一技之微有剛無柔專從事於血氣之私自命不凡者於斯為下矣昔人論太極拳法有歌云「純陰無陽是軟手鈍陽無陰是硬手一陰九陽根頭棍二陰八陽是散手三陰七陽猶覺硬四陰六陽類好手惟有五陰並五陽陰陽無偏稱妙手」歌中陰陽即剛柔也以剛柔共為十數配備而論功行洞中竅要學國術者悟此即可以與言學矣其固守一師之傳姝姝自喜以為盡國術之能事者其亦知所審察也夫

二　頭

頭部在國術中不得單獨運動正如網之有綱振起一切有條不紊頂勁上提如冲鑽之勢下頷內收有專一之形良以一身之主宰發號司令全在於頭頭頂懸則身輕利而審察外物在於耳目耳目寄於頭部是頭在國術中較任何部分為重要玄關太陽世稱死穴在防護上亦必先護頭部且領一身而為運動精神表現全視夫頭其俯也脊背各部須隨之前俯其仰也胸脇各部胸椎腹壁等應隨之運動其向左側屈也軀幹骨之右筋各部均受運動之影響右屈亦如之然則頭之運動即無異於全身

運動也頭正則身正姿勢之正確與否變化之有無意識觀功行者但注意其頭之動作即可判其技術之優良故學國術者宜知頭之重要若凡一舉動即五官變形裂嘴斬牙垂首無神種種難觀之狀態畢現邉問其功行之優劣蓋徒習手足之刻版動作毫不明拳法之眞義若是者尚不自知其頭爲何物也其功行豈尙有進步哉

三　肩　無論立於何種姿式兩肩務求相平則身體重心不易傾倒而地盤亦因之以鞏固其運動種類有肩胛骨與上膊骨同時運動者有時肩用力下垂不動而臂骨對之有運動者此其大較也肩之應用有肩擗肩擡肩靠等法（如太極拳之扇通背劈掛通臂之運肩八卦拳之背後鎚等）其由運動所得之功效如背之能負肩之能扭射者之須平肩鋸工之運肩臂均能由國術練習得其效果

四　手　國術之主要部分爲手手有五指指有三節、大指二節）駢指爲掌屈指爲拳掌根處爲腕其運用各有獨到之處未可偏廢茲分折言之於次

1、指法　因伸指之多寡不同而名稱各異緊握大中無名小指獨伸食指者名金剛指駢伸中食兩指者曰金剪指握大小二指而伸中三指者名三陰指乂稱鼎足指握大指而四指齊出曰金劍指指之運用不外插點然非氣功精到不易學步也練指之法宜屈伸運動久則力達指巔不可僅强直努

力也運勁得法可輔助人之細巧工作如寫字作畫手工等練習失宜則如賈誼所云平居可屈伸或持輕物而時顫動不得謂非鍛鍊錯誤之咎也

2、掌法　伸指爲掌指有互靠者有分開者則因傳授流派而異北派多四指緊排拇指屈貼掌緣南派則多五指分離有鈎四指如鷹爪指緊排者稱柳葉掌鈎屈者或稱虎爪掌又稱金豹掌雖名曰掌實多用抓也要之形式名稱雖不同而其用力則一其一維何即指向外翻注力掌心是也掌之用法有五1上掛2下劈3反拍(用手背)4正拍5雙推雙推者即按平時掌法之練習除劈掛掄拍外以岳武穆之雙推手爲宗(與岳氏八翻手拳法第五路相似)總須肩窩吐力氣貫掌心爲最當注意之事用法則磕削滾切捋採抓拿搬扣摸挾捽緣分龍鈎托斫挑等爲名甚多其勁亦各異惟不盡悉是掌法爲掌指合一之運用耳

3、拳法　拳者屈而不伸握固其指團聚其氣以求有力之意握法多緊屈四指以大指二節橫按食指第二節之上大指尖約在中指無名指之間力握作拳豎之不開分之不散方爲合竅亦有用大指尖指食指第三節橫紋四指在外捲緊作拳者有三指平握食指大節銳出者稱瀧拳四指平握中指突出者稱點拳各指節之第三節仍直僅鈎屈五指之上節者曰豹拳有以大指按食指之中節橫捲

豎壓者此則憑手拳門之行功手法也綜其用法亦有四正四隅中宮等九法所最要者捲拳如捲炮捲得緊奔得有力以氣鋪滿全掌而捲之爲正宗練時拳力落點有一定之處隨勢體驗不可混施也

五 腕 古之言力者每曰兩膀之力若何今之言力者常曰某人腕力若何膀之力於應用上不過能舉重負重而已若運用吾力使達敵身則非腕力不可亦非使全身之力能達於腕不可能達於腕則能用之於手矣蓋無論何種工夫何種練習其所生之力均患有三停一停於肩二停於肘三停於腕也停於肩則全身之力不能達於雙臂停於肘則肩背之力不能達腕停於腕則運至雙臂之力不能到手也苟非運用得法則身雖具有千斤之力而不能到手甚至運動不便動輒得疚身體反成爲贅疣矣亦何貴乎力之大也腕之應用有五 1 提腕 2 按腕 3 仰腕 4 垂腕 5 擠腕

六 肘 肘居肩腕之中承上達下所關甚鉅此處有病則氣不能到手運用無力名家論拳法最重夫肘拳經云氣垂則腹實肩垂則肘前肘垂則肱圓蓋肘之外尖處須向下垂而肱內肘彎處則當吐勁使之圓滿全身之力自能達之於手也但肘之用須貴進身習國術者每忽視之而不與掌拳同等致意殊不知人之一身處處均宜練到始可有用而免他患若專主於一雖爲求精久之則氣血偏枯而身體大受其害故博而反約約時仍不可忘博否則終歸下乘也用肘有二忌一須迅速防敵人之術挑二進身

時須用短馬步放肘時變爲半長馬以免肘高腋下爲敵所乘此國術之通義也肘之普通用法有蓋肘仰肘拐肘疊肘擺肘等法有專用肘法之國術則其變化益多矣

七　腰胯　腰爲全身之樞紐運動最要之關鍵也凡人各種勞動工作無不與腰部發生關係國術家於腰之練習更特加重視有主張腰部前突兩臀翻起者有謂腰宜後躬尾閭下垂者前者各種長拳多主之後者習內功各拳者多主之余則謂宜循生理上之原來自然態度但遇蹲踞勢時腰宜隨臀下坐上身仍宜直立不可前俯後仰斯爲得之氣之主宰在於腰凡不得機之勢其弊多生於腰故腰在國術上有轉移勢法之勁功深者其腰部稍一變化即有非敵人手足動作所可及而其能得優勝人每以身法稱之實即腰部之功行也

胯連于腰胯不正則腰不活（即收胯）胯部練習之法或蹲樁步及常做半鋪叉或常爲踢腿架及各種穿手胯部無病則氣自能下沉不惟在國術中需要凡在應用上如馬術之騎乘槍術之跪倒均以胯部爲重要關鍵間接可收靈穩之效在國術之應用則有胯打腰擠等

八　膝　下肢之力在膝在脛人之能登山涉遠跳高踰澗輕身不勞莫非此膝脛骨之力也凡樁步均所以練膝脛骨之支柱力而送達於足掌使全身重點穩固地盤不搖動也膝當前弓時不可逾足尖以

外否則易於前跌膝之對爲腿彎如北派國術作蹬弓步樁時則腿彎亦繃直以舒其力南派則多用小式兩膝雙蹲以免滑倒並取氣勢收縮易進斂身之意膝之用法與肘同有上提下跪左右轉側諸法非深於國術者不能知也鶴能獨立鶴每單膝終日不捲國術家模仿其意而練習之則思過半矣

九　腿

腿者支柱全體一身之重靜如山岳有磐石之安動如舟楫無傾仄之患鎮靜而不動平穩而雖搖斯爲得法尋常未經練習之人氣多上浮故上重而下輕足踵又虛踏而無力稍一動作即氣喘呼足顛如無根之木可隨手而移故初習入門時即須練腿練腿之法有二一在鞏固樁步一使腰胯靈活凡造姿勢動作均易優美其練習之法不外蹦腿（其種類有十字腿迎面腿擺連腿裏合腿踢子腿撣腿排腿等）活腰及作各種穿手姿勢至樁步之法不獨增長足力且可免氣血上浮之患樁者栽木於地俗謂之樁以足掌前後踏地能站立於危狹之處而推挽不移如樁故曰站樁南派曰地盆又曰地盤北派曰馬步河南及蜀湘楚等處曰站樁試以幾何重學之理證站樁爲國術之必要

重學之例曰凡物立平面上其重心不能出支撐面範圍以外否則不能維其獨立凡立體以上面及底面兩中點相連作一直線其中點所在處即爲重心故人當直身靜立時試以其兩足位置作一不等邊形即爲人體所在之支撐面即立體底面以此面中點與頂點相連作直線其線中央即人體重心也約

在上腹故稍傾斜其重心甚易越出支撐面範圍以外如第一圖

第一圖

A 上面中點

B 底面中點

C 重心

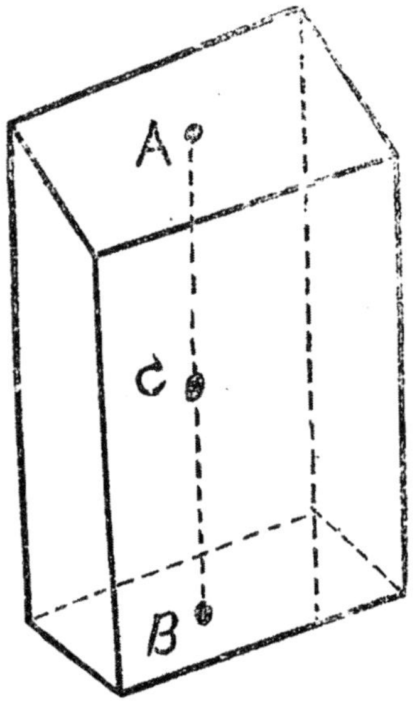

又物體底面積大者愈不易倒故人兩足左右開而踞立其支撐面較直身立時爲廣略成錐體且重心居下故不易倒如第二圖

第二圖

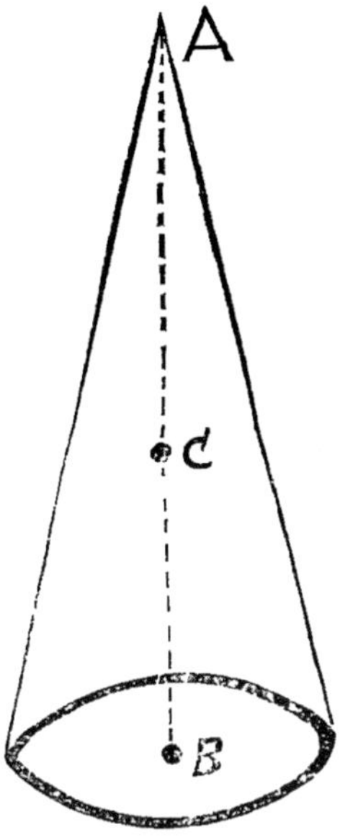

十　站樁之姿勢種類

（一）騎乘式者正面向前雙腿彎曲蹲立如騎乘也其脚之位置有三

（A）‖字式　又名川字地盤兩足方向直前平行距離與肩齊（或稍展亦可）兩腿蹲下上腿骨彎曲如坐與地水平腿彎處應成直角

（B）一字式　此式兩脚跟相對成一直線如一字形故名照前式將兩脚跟向前稍使平排如一字可也但此較前式稍難須將前式練過後再進習此

（C）八字式　其法不過較前‖字式將兩足尖稍向外即成此式也

（二）弓箭式　弓箭式亦稱//字步又曰蹬弓步取一腿前弓如弓背之彎一腿挒直在後如箭之直之意故名其作法係左（右）腿前進一步屈膝作勾股形右（左）腿在後伸直（足踵不可離地）左右距離以肩爲準膝兩足斜平行足尖均向同一方向作//字式

（三）半仆式　半仆式者係一腿屈膝胯向下坐一腿下仆之意一名半仆叉其作法係左（右）腿向下屈膝胯後坐右（左）腿下仆拔直足尖著地兩足尖均向同一方向

（四）丁虛式　一名丁虛步此式前腿略直足在前虛立如丁字之豎後腿屈脚之位置略橫如丁字之橫且站此勢時全身重點寄於後腿前腿如虛懸以便移動故名丁虛凡長拳中之斜行步八卦掌之地盤步形意拳之開首式太極拳之站樁均用此勢

（五）倒叉步　一名透步又名偸步係一腿在前一腿在後成交叉形其作法係前腿微屈後腿伸直移至前腿後邊足尖對前足踵成交叉形故名倒叉步

腿之應用法有虛有實有兩足一虛一實者有兩脚前虛而後實後虛而前實者有左虛而右實右虛而左實者總之不實則不穩實則動移不利而有傾倒之虞者不虛則不靈全虛則輕浮不穩而有搖撓之憂實虛相濟方得自然之妙矣

第六章　練習國術須知

一　運動場所

運動場所須擇空氣清新及土質乾潔者爲宜或在花木交蔭地勢幽靜空曠之院落中亦宜且須有定所並當與臥室接近以便早晚演習而掃除清潔尤爲要圖附近當預備盥浴所以便運動後爲洗拭之需團體練習地點更宜廣大清潔幷流通空氣

二　運動時間

練習時間每日以早晚爲宜如春夏則午前六時至七時或午後五時至六時秋冬則午前七時至八時或午後四時至五時蓋身體既不疲勞精神又復振作練習國術收效必多

三　運動衣履

運動衣褲以堅牢質樸爲主其修短厚薄寬窄種種以適於練習國術無礙衛生爲宜所著之履以刺針軟底布鞋爲最佳蓋此項布鞋價廉物美運動時則輕便異常故運動者多喜用之

四　運動前之注意

狂風暴雨怒雷迅電或大雪大霧時萬不宜在戶外運動此氣候宜注意者也地土是否潮濕有無汚穢與障礙物危險物一切均宜先事掃除此場所宜注意者也衣服宜淸潔且宜稍爲寬博如服過窄與不潔之衣均於身體有害當速易之此尤須注意食後或枵腹時及用腦過度之餘不可運動是則凡稍知生理者類能言之茲不贅述

五　運動時之注意

行拳須以順爲要譬諸行路然先近而後至遠又如登山然先麓而後及巔國術之練習亦然先緩舒而後急疾先平易而後繁難若驟事劇烈運動則筋肉骨節非惟有疼痛之虞且於神經血液與呼吸各部均屬不宜故練習時宜先伸縮四肢以運動筋骨血液並宜呼吸數次以舒展肺量也

六　運動後之注意

練習後須深呼吸與散步不可食物及遽飲涼水并不可靜坐與讀書作字顏面手足當洗拭之風中尤不可露體否則易罹感冒空氣流通之屋內憩息爲宜若遇汗流浹背致衣服蒸濕時應從速更易不可忍受須臾也

第七章　國術蠡言

一學國術須以德行為先涵養為本遇人謙和慎勿恃藝凌人為非蔑法以致橫行敗德辱名喪身

一學國術要敦品勵行簡默寡言以豪傑自勗聖賢為法方能明哲保身

一學國術不可輕易與人比試蓋輕則人嗤吾無能重則觸其惱怒與我與人皆無益也

一學國術宜鄭重將事敬業勸學不可視為兒戲始可免粗疏苟且之病

一學國術宜在靜處用工不可到處張揚逢人賣弄須知國術原以健體保身為主自己用功自己有益
何必定要人知致起標榜攻擊之風

一學國術宜心領神會博聞廣見凡人所不知者我必知之凡人所不能者我必能之處端必境委擊入
則神通如此方可有成

一學國術宜專心致志殫精竭力勿以煩難自阻勿以孱弱自畫方能日進有功倘僅獲一知半解便自
矜為已足則終身難期有進益矣

一學國術往往自矜聰明謂他人之拳一見即會然再見則不會矣夫拳理幽深有習之累月而不能肖
其勞或積年而不能解其理者比比皆是詎可謂一蹴而就也

一學國術不可妄分門派入主出奴互相標榜須知凡一種拳術皆由上智先民經無數研究經驗始克

編成決非淺嘗者所能評論

一學國術宜明其理傳其神顧其名思其形方能精細入微鞭策入理

一初學國術時於各式之步眼身法均宜講求正確不可說先記住大概熟時再正再正則終不正矣

一初習演式時無論偏正反側諸勢宜氣沉丹田將全身重量放於兩腿中間如此方能穩如泰山少有歪斜便東扭西出步武不固矣

一習國術先以運用氣血爲主一身氣血週流方能虛靈活潑而無凝滯之弊也

一凡習一種拳路於其停頓轉折處須要細心體會務求式式合拍方易精進如演時於某式中覺有不合須於其式之前後聯貫處求其謬誤而改正之

一國術有兩大類別內家外家是也(此就拳理而言非分門派也)內家運勁於內長於應用外家表形於外强健體魄能造其極則殊途同歸體用兼備原無軒輊然初學之士則宜自外家各拳入手因其皆有形跡可尋教者易於矯正習者易於模倣昔南海論碑以方筆爲學書入手之門拳術中之外家猶碑中之方筆也

一凡初學者演習徒手器械有最易犯之弊如用力則瞋目切齒蹤躍則瞑眼歪斜每一演習則五官易

位殊不雅觀授者萬勿以爲小疵而不矯正之

一眼光爲拳術最要之一無論徒手器械每一演習均要以眼光爲之先驅眼光所至拳械繼之不惟有裨實用並可增演習上之眞精神也

一學國術如用兵貴精而不貴多少則易用多則難精尤宜專意於徒手不當費力於器械徒手功成則萬法皆通矣